Dr. Max. S. Justice

Deadzone 50 plus

Deutscher Arbeitsmarkt Inside

www.tredition.de

© 2017 Dr. Max. S. Justice

Verlag und Druck: tredition GmbH, Grindelallee 188, 20144 Hamburg

ISBN
Paperback: 978-3-7439-8402-8
Hardcover: 978-3-7439-8403-5
e-Book: 978-3-7439-8404-2

Vorwort

Ein Sprichwort sagt: „Wer eine Reise macht, der hat was zu erzählen!"

Das ist wahr. Das hat jeder schon erlebt, wahrscheinlich oft und hoffentlich überwiegen die positiven Erlebnisse, über die man sich später noch freuen kann.

Ich war nach 2 Wochen Urlaub an einem Montagmorgen in die Firma gekommen und hatte meine Kündigung erhalten. Es war wie ein Blitz aus heiterem Himmel, denn es hatte vorher keine dunklen Wolken oder gar Donnergrollen gegeben.

Es hatte ein paar Tage gedauert, bis mir dies in seiner ganzen Tragweite überhaupt bewusst geworden war. Es wurde immer klarer. Ich hatte durch diese überraschende Kündigung eine Reise zu einem neuen Job gewonnen. Ich wünsche niemand, und schon gar nicht unverdienterweise, diesen sehr speziellen Reise-Hauptgewinn, von dem man nicht zurücktreten kann, auch wenn es viel zu erzählen gibt.

Bereits wenige Tage danach begann ich, mir Notizen zu machen, wollte ein Buch über alles schreiben, die alte Firma, den Widerstand gegen meine Kündigung und die Suche nach einer neuen Firma. Die Idee wurde beim Schreiben und mit der Zeit größer und letztendlich sind es zwei Bücher geworden. So lässt sich alles besser lesen.

Die Abenteuer-Reise, über die ich hier als Insider berichte, ist ein Trip zu Fuß durch die deutsche Arbeitsmarkt-Landschaft, quasi als Backpacker, mit einem Rucksack voller Wissen und Erfahrung, den man in meinem Alter hat. Aus der Perspektive eines Fußgängers sieht man mehr und klarer, viel mehr Details dieser Arbeitsmarkt-Landschaft, als bei schneller Fahrt.

Ich denke, es ist interessant, zum Teil amüsant, ernüchternd, aber auch nützlich meinen Weg, den schwierigen Bewerber-Weg, den eines älteren, gestandenen Arbeitssuchenden in Gedanken beim Lesen mitzugehen.

Ganz offensichtlich stimmen das Arbeitsmarktverhalten und die gesetzlichen Rahmenbedingungen inklusive des zurzeit gültigen Renteneintrittsalters nicht überein.

Auch das so oft propagierte Setzen auf Erfahrung, auf wertvolle, ältere Mitarbeiter bleibt im Bereich der Worte und wird nicht zu Taten, zu Aktionen am Arbeitsmarkt.

Für das ebenso häufig strapazierte Arbeitgeber-Gejammer über Fach- und Führungskräftemangel scheint dies genauso zu gelten.

Sie sind mit 53 im Niemandsland des Arbeitsmarktes, in einer Todeszone 50 plus.

Noch vor wenigen Jahren haben die Unternehmen zusammen mit der Politik und den Gewerkschaften die Alten mit 57 Jahren in den mehr oder weniger komfortablen Ruhestand entsorgt und das Renteneintrittsalter war 65. Der zu gehende Weg wäre damit nicht so weit gewesen, aber immer noch zu lang.

Nur das war eh nicht mein Weg, nicht das gewünschte Ziel. Ich wollte nicht aufhören. Ich wollte was tun. Ich wollte ein anderes Werk oder Unternehmen leiten, denn in dieser Position hatte es mich erwischt, nach bald 14 Jahren in der Firma.

Ich war ergebnisverantwortlicher Werkleiter mit mehreren hundert Mitarbeitern, einem neunstelligen Jahresumsatz und dem besten Standort des ganzen multinationalen Unternehmens. Darauf waren meine Mitarbeiter und ich zu Recht stolz. Und das war es, was ich allerbest konnte und sehr erfolgreich viele Jahre zusammen mit meinen Mitarbeitern gemacht hatte.

In der vorliegenden Form beschreibt dieses Buch den Bewerbungsprozess aus Sicht des Bewerbers, mit allen Ups und Downs, mit kleinen Geschichten, mit Menschlichkeiten und Menscheleien. Es geht um alles, was den Bewerber trifft, von der Suche nach geeigneten Stellenausschreibungen bis zum Bewerbungsgespräch, von seriösen Personalberatern bis zu windigen Personalvermittlern, alles, was man erleben kann, was ich 400 Tage erlebt habe.

Enthalten ist auch die Agentur für Arbeit, bei der man sich spätestens 3 Monate vor Ablauf seiner Kündigungsfrist zunächst arbeitssuchend melden muss, will man ohne Verzögerung, im Notfall, Arbeitslosengeld 1 ab dem ersten Tag der Arbeitslosigkeit erhalten.

Um den Prozess in seinem Verlauf gut nachvollziehen zu können, ist eine an ein Tagebuch angelehnte Chronologie gewählt, so wie in jedem vernünftigen Bericht über eine Reise. Jede Bewerbung hat eine laufende Nummer, die die chronologische Reihenfolge markiert. Dabei ist jede meiner zahlreichen und unterschiedlichen Bewerbungen zu Ende berichtet und der jeweilige Status mit angegeben. So lässt sich der Inhalt flüssig lesen. Einzelne Bewerbungen, die keine neuen Nuancen des Arbeitsmarktes mehr beinhalteten, habe ich bewusst weggelassen.

Sämtliche Geschichten aus und über die alte Firma, ihre Manager, das energie- und nervenzehrendes Hick Hack rund um die Kündigungsschutzklage mit Anwälten, Richtern, verlogenen Schriftsätzen, gefälschten Dokumenten und anderen Merkwürdigkeiten ist nicht Inhalt dieses Buches. Dies ist in dem Buch „Manager Attentat" berichtet.

Viel Spaß.

Donnerstag, 4. Oktober

Nach dem Kündigungs-Schock vom letzten Montag, der spontan meine im Urlaub aufgebaute Energie zertrümmert hatte, gingen nun der Prozess und die viele Arbeit los, um die es in diesem Buch geht. Die große Aufgabe hieß, einen neuen Job, eine neue Position, also einen Job für eine Führungskraft, eben einen neuen Arbeitgeber zu finden.

Meine Bewerbungsunterlagen waren auf Stand. Ich hatte in den letzten Jahren hier und da versucht aus meiner Firma wegzukommen, weg von den selbstgefälligen Vor-Managern, die paradoxerweise alles taten, um meinem deutschen Standort zu schaden. Es gab eine Datei mit meinem Lebenslauf, eine mit meinen Zeugnissen und ein Grundgerüst mit meinem Anschreiben, das jeweils auf die spezifische Ausschreibung individualisiert wurde.

Bevor dies irgendwohin geschickt werden konnte, brauchte ich eine Adresse dafür, die Adresse von einem suchenden Unternehmen, beziehungsweise heute in den meisten Fällen die von einem Personalberater, der mit dieser Suche als Dienstleister beauftragt war.

Jedes Stellengesuch beschreibt den gewünschten Kandidaten, die Hard Skills und die Soft Skills, wie es heute heißt. Bei Führungspositionen sind die Erfahrungen, das erreichte Hierarchielevel, Branchenkenntnisse, Führungsspanne, Budget- oder Umsatzverantwortung und natürlich die Persönlichkeit von entscheidender Bedeutung. Nicht zuletzt, und wo spielt Geld keine Rolle, müssen die Gehaltsvorstellungen des Unternehmens zu denen des Bewerbers passen.

Dies sind die Dinge im Vorfeld.

Die Stellengesuche sind qualitativ besser oder schlechter, das heißt strukturiert und informativ oder verwaschen und unklar. Dennoch heißt es bei jedem, das Formulierte präzise Wort für Wort zu lesen, es sehr ernst zu nehmen und mit dem eigenen Werdegang abzugleichen. Sicher ist, dass der suchende Personalberater oder das Unternehmen selbst eine weit umfangreichere Wunschliste für seinen Idealkandidaten hat, als es dem Bewerber in dem Gesuch mitgeteilt wird.

Seit dem August 2006 gilt in Deutschland das Allgemeine Gleichbehandlungsgesetz, das AGG, eine gute Sache, von der Idee her. Für den Bewerbungsprozess ist es oftmals eine Erschwernis. Wenn vor den Zeiten des AGG explizit ein Wunschkandidat im Alter von 35 bis 45 Jahren gesucht wurde, ist das heute immer noch so. Es steht nur nicht mehr klar und deutlich in der Ausschreibung, da es rechtlich nicht mehr zulässig ist.

Ich habe in meinem Leben eine große Anzahl von Bewerbungsgesprächen auf beiden Seiten des Tisches erlebt, als Bewerber und als Interviewer für das suchende Unternehmen. Der Lebenslauf und die Zeugnisse sind die Eintrittskarten in das Bewerbungsgespräch. Bekommen sie eine Einladung zu einem Gespräch, haben sie meist bereits eine zwei- oder dreistellige Anzahl anderer Bewerber auf dieselbe Stelle aus dem Rennen geschlagen. Passt es dann zwischenmenschlich nicht, wird es nicht weitergehen auf dem Weg in ein neues Unternehmen und es heißt für den Bewerber zurück auf Start.

Und so bitter dies aus Bewerbersicht auch klingen mag, ist dies richtig so. Denn wenn es zwischenmenschlich nicht funktioniert, wird nie eine optimale Leistung dabei rauskommen können.

Unternehmen bestehen aus Menschen, die in den Unternehmen Mitarbeiter heißen. Unternehmen sind wirtschaftliche Zweckgemeinschaften. Von der erzielten Wertschöpfung leben die Mitarbeiter, deren Angehörige und der Staat über die Steuerabgaben. So funktioniert unsere Gesellschaft.

Einen Großteil seiner wachen Lebenszeit verbringt insbesondere eine Führungskraft in dem Unternehmen. Also, wenn es zwischenmenschlich nicht passt, treten sie keine neue Stelle an, egal auf welchem Level und in welchem Job.

Ich arbeite mittlerweile seit einigen Jahren als selbständiger Berater und Trainer. Und diese Empfehlung kann ich nur jedem ans Herz legen.

Zurück zum Start, dem Suchen von passenden Stellen. Erfüllt man mindestens 90 %, besser 100 % der explizit genannten Anforderungen, entscheidet man sich, eine Bewerbung auf die Reise zu schicken. Damit beginnt im Kopf das Nachdenken über die Stelle, die Konsequenzen für das eigene Leben, das der Partnerin, wenn zum Beispiel der Dienstsitz 500 km entfernt liegt.

Es kommen einem Gedanken und Erlebnisse in den Kopf. Man setzt sich mit möglichen Fragen eines eventuellen Vorstellungsgespräches auseinander, denkt an Dinge, die man dort platzieren möchte oder, wenn eine Bewerbung konkreter wird, was man in der Firma als erstes tun möchte.

Manchmal geht es mit einer Bewerbung schnell, manchmal zieht es sich über Monate und von manchen Bewerbungen hören oder lesen sie einfach nichts mehr. Sie können sich selbst fragen, wo ihre Unterlagen und ihre personenbezogenen Daten geblieben bzw. hingekommen sind. Nur eine Antwort bekommen sie nicht.

Und hier beginnt die Geschichte, mit meinen Bewerbungen und den vielen Facetten, den Details, den Puzzle Teilen des deutschen Arbeitsmarktes für die so hochgelobten hochqualifizierten und wichtigen älteren Arbeitnehmer.

Über 2,5 Stunden netto sichtete ich Stellenanzeigen im Internet und filterte 6 Ausschreibungen zur weiteren Bearbeitung heraus.

Donnerstag, 11. Oktober

Bewerbung 1: Erster Stadtrat im Wirtschafts- und Umweltdezernat der Stadt Hannover

Auf Zureden von meiner Madame hatte ich mich heute fristgerecht auf die Stelle des ersten Stadtrates der Stadt Hannover beworben. Sie hatte mir auch eine passende Mail-Adresse der Stadt besorgt, denn die stand in der Anzeige nicht mit dabei.

Es war sicherlich für jemand ohne Parteibuch ein recht hoffnungsloses Unterfangen, hier als möglicher Kandidat überhaupt bemerkt zu werden.

Die Schwerpunkte lagen im Bereich Wirtschaft und Umwelt, breites Grundwissen und interkulturelle Kompetenz waren erwünscht. Das war gut, das konnte ich bieten. Außerdem kannte ich aus meiner zwanzigjährigen Industriezeit in Hannover viele Behördenmitarbeiter und auch die Leiter. Über das Arbeitstempo konnte man philosophieren, fachlich waren die meist Herren durchaus im Thema.

Interkulturelle Kompetenz, ja, hatte ich, seit 20 Jahren, überwiegend europäisch, ich hatte viele Kontakte, regelmäßige europäische Meetings, kannte den einen oder anderen nationalen Unterschied, ja, da sah ich mich, auch da hatte ich die gewünschte Erfahrung.

Und es erinnerte mich an was. Im Werk hatte ich einen Ausländeranteil von rund einem Drittel, also ein Drittel Mitarbeiter mit Migrationshintergrund oder -geschichte, damit mich auch moderne politische Menschen verstehen, die nicht in der Industrie arbeiten. Die Nationalitäten waren östlich, südlich und südöstlich.

Einen Nachmittag kam der Betriebsratsvorsitzende zu mir und machte meine Bürotür von innen zu, nachdem ich ihm bestätigt hatte, für ihn Zeit zu haben. Er legte mir einen kleinen Zeitungsschnippel hin, kaum so groß wie eine Spielkarte. Vermutlich war das Ding mit der Schere aus der Bild Zeitung ausgeschnitten worden, die sich im Werk großer Beliebtheit erfreute und die einzige Zeitung war, die es in der Kantine zu kaufen gab.

Es war ein Hetzartikel gegen Tunesier. Ich war entsetzt, dass so ein ausländerfeindlicher Mist, oder heißt es heute Menschen-mit-Migrationshintergrund-feindlicher Mist, in Deutschland gedruckt werden durfte. Inhaltlich waren alle tunesischen Männer darauf aus, den deutschen Sozialstaat auszuplündern, die vielen Frauen dieser Männer Huren und die Kinder wurden systematisch zum Klauen trainiert, ganz herrlich.

Irgendjemand aus der Frühschicht hatte dieses inhaltsschwere Druckwerk seiner Ablösung zur Spätschicht an den Arbeitsplatz geklebt, echte Kollegenliebe. Der tunesische Mitarbeiter wurde dadurch gleich zum Wochenbeginn seiner Spätschicht-Woche Montag, 14.00 Uhr, hübsch begrüßt. Der Mann ging natürlich zum Betriebsrat, fragte, wie er sich verhalten solle.

Mir war der Mann seit vielen Jahren bekannt, ein ganz ruhiger Typ, nie auffällig, blitzblanke Personalakte und immer eine Topproduktionsleistung, wenn er an der Produktionslinie arbeitete. Aus diesem Grund kannte ich ihn. Wie der Betriebsrat ergänzte, hatte er keine Kontakte in der Firma, war eher ein Einzelgänger.

Wir sprachen den Fall durch. So was gab es in diesem Werk nicht und hatte es vorher in dieser Ausprägung auch noch nie gegeben. Da waren wir uns sehr einig.

Ich entschied, am kommenden Mittwochmittag alle Mitarbeiter der Früh- und Spätschicht aus diesem Bereich des Werkes im großen Pausenraum spontan zusammen bitten zu lassen, die entsprechenden Führungskräfte und den Betriebsratsvorsitzenden mit dazu. Morgen saß ich wieder bis nachmittags in einer Video Konferenz, hatte keine Zeit und ich wollte diesen Murx selber klären und ihn nicht weiterdelegieren.

Ich las an diesem Mittwoch das Geschreibsel laut vor, es waren ca. 70 Mitarbeiter anwesend. Ich merkte wie mir dabei ein Schauer über den Rücken lief, denn so was auch noch zu hören, verstärkt die Wirkung. Ich hatte den Eindruck, vielen Mitarbeitern ging es ähnlich wie mir.

Drei Sekunden Pause nach dem Vorlesen, um das Ganze einwirken zu lassen.

Dann machte ich mit Power weiter. Das ist Mobbing, das ist kein dummer Jungen-Streich, das hat arbeitsrechtliche Konsequenzen für den Täter und wer von Ihnen möchte seine eigene Nationalität in so einer Art und Weise diskriminiert sehen?

Der Täter hatte nicht den Mut aus der Anonymität aufzutauchen und ich entschuldigte mich an seiner Stelle bei dem guten Mann für diesen Skandal. Ich hatte den Täter nie erwischt, aber es gab nie wieder ausländerfeindliches Verhalten in meinem Werk.

Diese Geschichte kennen die Leser meines Buches „Manager Attentat" schon im zeitlichen Kontext. Es fielen mir noch weitere Erlebnisse ein, bei denen die kulturelle Herkunft beziehungsweise das Umfeld relevant waren.

Zuerst eine Begebenheit aus meinem ehemaligen deutschen Werk. Es ging um Fehlzeiten, ein ewig junges Thema, überall. Das wichtigste bei dieser Thematik, unter Umständen auch Problematik, war oder ist, zunächst zu verstehen, wodurch die individuellen Fehlzeiten entstehen. Diese simple Erkenntnis galt auch schon, bevor ich mit einem betrieblichen Gesundheitsmanagement mit der Mannschaft gestartet hatte.

Mein grundsätzlicher Ansatz, den die Mitarbeiter kannten, war und ist krank ist krank, da ein Misstrauensansatz, das heißt, die machen Urlaub auf gelben Schein, für mich kein Führungsansatz sein kann oder sollte.

Dennoch war es hochinteressant, zusammen mit dem Personalreferenten, mit von uns definierten Filterkriterien das SAP HR Modul zu bemühen und sich Arbeitstage, Urlaubstage und krankheitsbedingte Fehlzeiten über mehrere Jahre für einzelne Mitarbeiter anzuschauen.

Um juristisch gegen einen Mitarbeiter aufgrund von Fehlzeiten vorzugehen, müssen schon in 3 aufeinanderfolgenden Jahren jeweils mehr als 30 Fehltage zu Buche stehen. Wie gesagt, dies war nicht der Ansatz, und wie sich bei der Arbeit herausstellte, gab es am ganzen Standort nur einen Mitarbeiter, der diese juristisch definierten Kriterien erfüllte.

Der Mann war vorher bereits bekannt und wurde dementsprechend betreut.

In der Größenordnung von 20 Fehltagen, also juristisch kerngesund und unantastbar, gab es doch eine gewisse Verdichtung.

In Summe 20 Fehltage pro Jahr, 4 Wochen krank, jedes Jahr wieder, weder der Betriebsratsvorsitzende, der in meinem Alter war, noch der jüngere Personalreferent und ich sowieso nicht, konnten uns erinnern, je so viel krank gewesen zu sein. Gemeinsam wollten wir herausfinden, ob es betriebliche Gründe dafür gab. Alles andere durften wir bei mehr als 4 anwesenden Augen sowieso nicht fragen.

Besonders freuten wir uns auf die Mitarbeiter, die offensichtlich immer wieder saisonal gesundheitlich nicht auf der Höhe waren, Frühjahr und Herbst je 2 Wochen krank, über Jahre. Die Krankheiten rahmten sozusagen den Sommer- und Weihnachtsurlaub geradezu ein, wenn man es denn so sehen wollte. Als Mediziner hätte ich das natürlich sofort erklären können, das Verhalten, sorry die Indikationen, dieser juristisch Kerngesunden.

36 Mitarbeiter-Interviews zog ich zusammen mit dem Betriebsratsvorsitzenden, dem für den Mitarbeiter verantwortlichen Abteilungsleiter und dem Personalreferenten durch. Ein Marathon, aber das Thema war es wert, obwohl wir keine Fehltage-Problematik hatten.

Niemand der Mitarbeiter sah betriebliche Gründe für seine Fehlzeiten. Dies war gut zu hören, war aber keineswegs überraschend bei dem Aufwand, den wir in Sachen Health und Safety, Gesundheit und Arbeitssicherheit, betrieben und bei dem Führungsstil, den wir lebten.

Bittersüß schmunzele ich immer noch über die rausgeplapperte Äußerung eines deutschen Mittdreißigers zu seinen 20 Tagen pro Jahr, die doch nicht viel seien. Der junge Mann hatte seinen natürlich vom Arbeitgeber voll bezahlten Zusatz-Urlaub offensichtlich sehr gut genutzt, geradewegs einen Bildungsurlaub daraus gestaltet, denn er wusste, dass er juristisch kerngesund war. Er wusste Bescheid. Doof, dieser Verplapperer. Wir waren sicher, hier die erste nicht mitgefilmte Wunderheilung bewirkt zu haben, zumal alle Gesprächspartner aus der Belegschaft gleich den Folgetermin mit auf den Weg bekamen.

Echt mieser kam das Statement eines türkischen Mitarbeiters, Anfang 40, rüber, der zu seinen 20 Tagen pro Jahr formulierte, er werde älter, ein bisschen Blutdruck, ein bisschen Rücken und so weiter. Achtung, so ein Mann zieht die Moral der Mannschaft runter, eine Aufgabe für den Betriebsrat und dann den Schichtmeister, um den Mann wieder auf den richtigen Weg zu bringen.

Fazit, denn es geht bei diesem Exkurs in meine Firmenvergangenheit um interkulturelle Kompetenz, die deutschen Mitarbeiter waren offen, erzählten freiwillig Dinge, die sie nicht hätten berichten müssen, waren teilweise wirklich gequält von gesundheitlichen Einschränkungen. Das Positive war, dass wir hier oftmals Maßnahmen zur Verbesserung ihrer individuellen Arbeitssituation definieren konnten.

Der deutsche Betriebsratsvorsitzende war mit einer Türkin verheiratet, was die Belegschaft natürlich wusste. Dennoch, es gab von den türkischen Mitarbeitern keine Offenheit in unseren Gesprächen, nichts, keine Information. Das war sehr schade, so konnten wir nicht helfen. Wir konnten nur die Frühjahrs- und Herbst-Kranken besonders im Auge behalten. Da waren die deutschen Mitarbeiter schon weiter.

Ja, Fehlzeiten, Krankenquoten, natürlich wurden diese monatlich aus allen europäischen Standorten in meiner Firmenwelt an das für Europa verantwortliche Management berichtet. Aus den regelmäßig durchgeführten Werkleiter-Treffen wusste ich um die Dinge, die die nackten Zahlen nicht ausdrückten. Auch hier gab es gewaltige interkulturelle Unterschiede.

Polen sah trotz einer 40 Stunden Woche und 24-7, das meint rund um die Uhr Betrieb inklusive Samstagen und Sonntagen, gut aus. Die Mannschaft des polnischen Werkes war im Mittel über 10 Jahre jünger und die Arbeitnehmer, die zu viel krank waren, wurden kurzfristig getauscht, wie mein polnischer Werkleiterkollege zu gern stolz berichtete.

Meine ernst gemeinte Empfehlung für den Bildungsurlaub eines deutschen Arbeitnehmers ist, sich die europäischen Rechte von Arbeitnehmern berichten bzw. vortragen zu lassen, um zu erkennen, wo seine Vorteile in Deutschland liegen. Auch als jemand auf der Arbeitgeber-Seite sehe ich das als eine Stärke von Deutschland. Und dies sollten insbesondere die Arbeitnehmer ebenso sehen.

Polen ist zwar in der EU, als Nehmerland, denn sonst wären sie nicht dabei, aber in puncto Arbeitskultur so weit zurück.

Der Höhepunkt der polnischen Besonderheiten war noch ein anderer. Jedes Jahr fand ein vorweihnachtliches Management-Meeting statt, wo alle Manager aus Europa und Asien zusammenkamen. Ebenfalls Usus war in diesem Meeting eine Preisverleihung für das sicherste Werk, die von unserem Präsidenten, unserem Europa Chef, persönlich vorgenommen wurde. Der Preis ging nach Polen, alljährlich. Es gab keine Arbeitsunfälle in diesem Werk, nichts, seit Jahren, denn es wurden keine Unfälle berichtet. Wenn etwas unerwünscht war, ließ man es weg.

Und das war doch schön. Weder der Europa Chef, noch das Topmanagement in den USA wollten wissen, wie das über Jahre gehen konnte, wenn hunderte von Menschen rund um die Uhr an laufenden Maschinen Metall und anderes verarbeiten. Hauptsache die geforderten Ergebnisse, was sage ich, die Targets, waren erreicht, excellent, outstanding und so weiter. Es gab keine Fragen, alle freuten sich, wollten die Wahrheit nicht wissen und keine Kommission ging dem hochwahrscheinlichen Statistik-Tuning hinterher.

Und für Insider sei an dieser Stelle noch ergänzt, dass die Weiterentwicklung des grundsätzlich positiven Zero Accident Approaches nur die permanent steigende Anzahl von Wunderheilungen oder vielleicht auch Mitarbeiter-Verjüngungen pro Million Arbeitsstunden sein kann. Wir wollen uns doch challengen.

In Südeuropa war es anders gewesen. Mir hatte der im süditalienischen Werk praktizierte Ansatz gefallen, die Mitarbeiter, alle Mitarbeiter, über vereinbarte Kennzahlen finanziell einzubinden. Produktionsleistung, Ausschussraten, Krankenquoten und so weiter, dafür gab es Gruppenprämien, alle erreichten etwas, mehr oder weniger. Ein Beispiel für deutsche Gewerkschaftler, oder?

In Spanien war die Arbeitsatmosphäre im Werk, genauso wie in Italien, deutlich relaxter. Das Werk lag in Nordost-Spanien, also in Katalonien. Das ist den Menschen hier sehr wichtig, denn sie sind Katalanen, nicht Spanier, mit allen sprachlichen Besonderheiten. Und für Katalanen ist es wichtiger Barcelona gewinnt, als das es die spanische Fußball-nationalmannschaft tut.

Die Südeuropäer waren zumindest nach den offiziellen Berichten quasi nicht krank. Hier hatte ich weniger Zweifel gehegt, als bei den gefälschten polnischen Zahlen und vielleicht können wir in Deutschland etwas davon lernen, ohne unsere Produktivität einzubüßen.

Zurück zu der Bewerbung, der ersten.

Interkulturelle Kompetenz, ich hatte an Erfahrungen mit Menschen anderer Kulturkreise gedacht. Dies waren einige reale Beispiele.

Die Ausschreibung lautete:

„Die Landeshauptstadt Hannover möchte den Anteil der Beschäftigten mit interkultureller Kompetenz in den nächsten Jahren erhöhen und daher insbesondere Personen mit Migrationshintergrund ermuntern, sich auf die ausgeschriebene Stelle zu bewerben."

Ach so, interkulturelle Kompetenz ging bei mir gar nicht, konnte ich gar nicht haben, da ich Deutscher bin und schon immer war, von Geburt an, so wie ein Mensch jeder anderen Nationalität auch. Würde es helfen in Nordrhein Westfalen geboren zu sein, in einem anderen Bundesland? Das war ich. Konnte ich dadurch meine Chancen steigern, gleiche Eignung vorausgesetzt, natürlich?!

Als Nicht-Jurist war dies für mich ein klarer Verstoß gegen das AGG, das Allgemeine Gleichbehandlungsgesetz. Deutsche werden diskriminiert. Das gibt es nur in Deutschland.

Politik, Politiker aller Parteien, Presse und Juristerei befruchten sich in Deutschland in den letzten Jahren immer wieder gegenseitig, auf wessen Initiative auch immer, zu absurden Diskussionen, Beschlüssen, Berichten und Urteilen über Kruzifixe, Kopftücher, Beschneidung oder auch eine Leitkultur, wie irreal und völlig unnütz.

Und so viele werden auch noch von Steuergeldern bezahlt.

Ich bewarb mich trotzdem.

Ganz modern, wie immer, per Mail und beigefügten Dateien, mit Lebenslauf und Zeugnissen, nachdem Madame mir die entsprechende Mail Adresse raustelefoniert hatte.

„Sehr geehrter Herr Oberbürgermeister W.,

ich beglückwünsche Sie zu der schönen Stadt und Region Hannover und wünsche Ihnen vorab die richtigen Strategien für die bevorstehenden Landtagswahlen.

Ich lebe seit nunmehr 33 Jahren hier und habe eine hohe Affinität zur Region und ihren Menschen entwickelt. Auch dies stärkt meine Motivation, mich hiermit auf die Position des Ersten Stadtrates im Wirtschafts- und Umweltdezernat zu bewerben.

...Die von mir geleitete Restrukturierung des Werkes in den 90iger Jahren war der Grundstein zur dauerhaften Sicherung und dem Zuwachs an Arbeitsplätzen am Standort...

...habe ich die ergebnisverantwortliche Leitung des weltweit größten Werkes in Hannover mit seiner Zeit 450 Mitarbeitern übernommen...

...unter meiner team- und ergebnisorientierten Führung ist das deutsche Werk zum ertragsstärksten im Unternehmen geworden...

...hat sich eine partnerschaftliche und konstruktive Zusammenarbeit mit dem Betriebsrat und der IG Metall als ein entscheidender Schlüssel erwiesen...

*...globales Business in einem amerikanischen, internatio-
nal agierenden Unternehmen...*

*...enge Kooperation mit europäischen und amerikanischen
Kollegen...*

*...Wünsche und Bedürfnisse unserer deutschen, europäi-
schen und multinationalen Kunden sind mir aus zahlreichen Besuchen und langjährigen Kontakten vertraut...*

*...mein persönlicher Führungsstil orientiert sich an der Ma-
xime der maximalen Freiheit für den einzelnen Mitarbeiter
unter klarer Ausrichtung auf die gemeinsamen Ziele...*

*...offene Kommunikation „auf Augenhöhe" ist in meinem
Verantwortungsbereich gelebte Unternehmenskultur...*

*Ich würde mich sehr freuen, wenn Sie sich die Zeit für ei-
nen potentiellen Quereinsteiger und seine Ideen nähmen
und wir uns kennenlernen. Mit meiner Persönlichkeit, meinem Engagement, meiner umfangreichen Berufserfahrung
aus verschiedenen Branchen und meiner Kenntnis über
Menschen unterschiedlicher Kulturen will ich im Sinne von
Hannover etwas bewegen.*

*Ich setze absolute Vertraulichkeit dieser Informationen vo-
raus und freue mich auf ein intensives persönliches Gespräch.*

Mit freundlichen Grüßen

Dr. Max. S. Justice"

Und ich meinte und meine das alles sehr ernst.

Würde nicht ein gestandener Wirtschaftsmann der öffentlichen Verwaltung mal so richtig gut tun?

Und zwar ein Wirtschaftsmann, der mit seinen Mitarbeitern arbeitete, in Lärm und Hitze, und nicht aus dem Umfeld von auf 18° Celsius klimatisierten Vorstandsbüros kommt. Da ist nur die Monopoly-Spieler-Wirtschaft zu Hause, die denkt, alles in Excel abbilden zu können.

Ich hatte den noch amtierenden Ersten Stadtrat, ein studierter Bauingenieur, vor Jahren persönlich kennengelernt. Bevor er diese Position übernommen hatte, war er in der Beratung tätig gewesen, nicht in der freien Wirtschaft. Ich schmunzele heute noch über eine seinerseits freundlich gemeinte Bemerkung, dass er über Fördermittel verfügen und uns als Firma unterstützen würde, wenn wir mal 50 Wissenschaftler für die Entwicklungsabteilung einstellen wollten.

50 studierte Leute, je nach Alter und Karrierelevel, 5 Millionen Euro Personalkosten, Fixkosten, hübsche Idee, vielleicht für Siemens oder Volkswagen, aber nicht für einen Mittelständler, auch nicht einen konzerngebundenen, der mit seinen Produkten Weltmarktführer war.

Eingangsbestätigung 1, Mittwoch, 17. Oktober

Die Stadt Hannover schickte einen Brief und bestätigte meine Bewerbung.

„Sehr geehrter Herr Dr.-Ing. J.,

vielen Dank für Ihre Bewerbung um die Stelle der Ersten Stadträtin / des Ersten Stadtrates im Wirtschafts- und Umweltdezernat der Landeshauptstadt Hannover....

Mit freundlichen Grüßen

Der Oberbürgermeister

im Auftrag

H."

Wofür es in dem Brief nicht gereicht hatte, war den standardisierten Inhalt an das Geschlecht des Bewerbers anzupassen. Jeder einzelne konnte sich doch entweder nur als Stadträtin oder Stadtrat bewerben.

Absage 1, Samstag, 24. November

Am Freitag, dem 16. November, kam es bereits im Radio. Hannover hatte einen neuen Ersten Stadtrat, falsch, eine neue Erste Stadträtin, eine Dame mit Doppelnamen.

Ja, ich schaute nochmal in die Zeitungsanzeige der Ausschreibung. Ein Drittel des Anzeigentextes beschrieb die besonders gesuchten Kandidaten-Gruppen und nicht die gesuchte Qualifikation.

Es sind für den öffentlichen Dienst eben nicht alle Bewerber gleich, wie wir bereits wissen. Vor dem Absatz mit der interkulturellen Kompetenz, d.h. dem Migrationshintergrund, war folgendes gedruckt:

„Die Stadtverwaltung ist bemüht, den Frauenanteil in Positionen dieser Art zu erhöhen und ist deshalb besonders an der Bewerbung von Frauen mit den genannten Qualifikationen interessiert.

Schwerbehinderte Bewerberinnen und Bewerber werden bei gleicher Eignung bevorzugt berücksichtigt."

Den Passus mit den Schwerbehinderten kannte ich noch aus meiner Zeit im öffentlichen Dienst als wissenschaftlicher Mitarbeiter an der Universität Hannover, die anderen beiden mit den Frauen und dem Migrationshintergrund waren neuer.

Als deutscher Mann ohne Behinderung bist du bei gleicher Eignung bestenfalls an vierter Stelle. Das stand in der Anzeige, nur verkomplizierter.

Da lädt dich keiner zum Gespräch und da gewinnst du keine Medaille. Der undankbare 4. Platz, so würde der Kommentar in einer Sportsendung lauten.

8 Tage nach der öffentlichen Bekanntgabe der Entscheidung bekam ich von der Stadt Hannover ein Absage-Schreiben, von einer anderen Sachbearbeiterin gezeichnet. Wieder hatte ich mich offensichtlich zweigeschlechtlich beworben.

„Sehr geehrter Herr Dr.-Ing. J.,

Sie haben sich um die Stelle der Ersten Stadträtin / des Ersten Stadtrates im Wirtschafts- und Umweltdezernat der Landeshauptstadt Hannover beworben.

Ihre Bewerbungsunterlagen geben wir Ihnen daher anbei zurück.

Mit freundlichen Grüßen

Der Oberbürgermeister

Im Auftrag

B. "

Der Brief war ansonsten völlig in Ordnung.

„Ihre Bewerbungsunterlagen geben wir Ihnen daher anbei zurück."

Dieser vermeintlich harmlose Einschub aus vergangenen Zeiten der Papier-Bewerbungsmappe war wörtlich zu nehmen und der absolute Hammer.

Denn der einseitige Absagebrief war nicht allein geschickt worden, zweimal quer gefaltet, in einem üblichen, kleinen Rechteckumschlag. Nein, es kam ein DIN A4 Umschlag. Und da lag als erste Seite dieser Brief oben auf einem kompletten Ausdruck meiner Bewerbungsunterlagen in Papier in einer Plastikhülle. Diese Hülle hatte wohl schon das eine oder andere Büro der Stadt Hannover gesehen, in den letzten 10 oder 20 Jahren ihres Behördenlebens, denn sie machte einen runtergewohnten, total verbrauchten Eindruck.

Eine Sachbearbeiterin der Stadt oder des Oberbürgermeisters hatte meine neumodische 3-Dateien-Bewerbung in miserabler Qualität ausgedruckt und in eine Hülle getan, damit alles, wie es sich gehört, in Papier weitergereicht werden konnte.

Da freut sich das Umweltdezernats-Bewusstsein.

Jetzt schickte sie diese Loseblattsammlung meines Berufslebens an mich zurück. Unterlagen, die jedem Bewerber maximal peinlich gewesen wäre, absolut respektlos, grauenhaft. Mit etwas Überlegung hätte sie die Seiten durch den Schredder jagen oder in den verschlossenen Container zur Aktenvernichtung entsorgen können.

E-Mail war zu modern, Papier musste sein, und so kocht die öffentliche Verwaltung weiter im eigenen Verschwender-Saft und die Steuerzahler zahlen.

Freitag, 12. Oktober

Bewerbung 2: Unternehmensberater

In der F.A.Z. hatte ich letzten Samstag eine kleine Anzeige, 90 mal 50 mm, gefunden:

„Nach einer erfolgreichen Industriekarriere haben sie Erfahrungen in leitenden Funktionen gesammelt. Sie sind jetzt an einem Punkt, wo sie unternehmerische Freiheit suchen. Wir sind seit 1990 eine Beratungsgesellschaft mit vielfältigem Know-how und Alleinstellungsmerkmalen in unterschiedlichen Methodiken. Bei uns können Sie als Unternehmensberater ihre Freiheiten ausbauen und verwirklichen. Von uns kommen Organisation, Akquisitions-Knowhow, Gesamtmarketing und Koordination. Von Ihnen kommen Umsetzungs-Know-how und Einsatzbereitschaft."

Die Anzeige hatte mir gefallen. Hier ging es offensichtlich um meine Berufs- und Altersgruppe. Ich schrieb hin:

„Sehr geehrte Damen und Herren,

fast möchte ich Sie fragen, ob Sie Gedanken lesen können, denn Ihre Anzeige hat mich sehr angesprochen. Ich habe entschieden, mich beruflich neu auszurichten und meine Energie und Expertise als Unternehmensberater für die verschiedenen Kunden einzusetzen. Gern übersende ich Ihnen hiermit meine Bewerbung als Berater. ..."

Ich hatte nie etwas von meiner Bewerbung gehört, rein gar nichts. Ich hakte 10 Monate später, Montag, dem 12. August, dieser verschollenen Bewerbung hinterher. Ich wollte sehen, ob denn diesmal eine Antwort kommen würde.

Es kam keine Antwort, gar keine. Meine Unterlagen, meine Daten waren weg oder eben woanders.

Freitag, 12. Oktober

Bewerbung 3: Senior Consultant

Eine große Personalberatung suchte für eine andere große Beratungsfirma mit 1200 Mitarbeitern weltweit einen Senior Consultant mit Schwerpunkt Lean Management und Prozessberatung. Die gewünschte Berufserfahrung ließ zumindest erkennen, dass das Senior mehr als 2 bis 3 Jahre Erfahrung sein sollte. Methodenkenntnisse aus dem Toyota Production System, TPS abgekürzt, Lean Management Kenntnisse, Workshop- und Moderationserfahrung, ja, meine Welt, das konnte ich mir auch als Berater vorstellen.

Der zusätzlich ausgelobte Dienstwagen stellte für mich keinen Reiz dar. Da hatte ich in meiner ehemaligen Firma schon drauf verzichtet, um freie Fahrzeug-, Ausstattungs- und Motorwahl zu haben.

4 Tage später kam eine Eingangsbestätigung

„Sehr geehrter Herr Dr. J.,

vielen Dank für die Zusendung Ihrer Bewerbungsunterlagen. Wir freuen uns über Ihr Interesse an der ausgeschriebenen Position.

Um unter den Bewerbern diejenigen Kandidaten herauszufinden, die dem fachlichen Profil am besten entsprechen,

liegt es nun an uns, Ihre Unterlagen sorgfältig und gründ-
lich zu bearbeiten. "

Meine *„Unterlagen sorgfältig und gründlich zu bearbeiten",*
das war merkwürdig. Sichten, auswerten, vergleichen mit
anderen Kandidaten, auswählen, ja klar. Aber *„bearbeiten"*
klang nach verändern, merkwürdig.
Am Montag, 10. Dezember, kam die Absage.

Mittwoch, 24. Oktober

Bewerbung 5: Berater

Die Ausschreibung klang der einer anderen Beratungsgesellschaft sehr ähnlich:

„xxx Consulting ist eine europaweit tätige Unternehmens-
beratung, die sich auf die nachhaltige Implementierung
wertsteigernder Maßnahmen in produzierenden Unterneh-
men spezialisiert hat. Wir haben es uns zur Aufgabe ge-
macht, nicht genutzte Unternehmenspotenziale gemeinsam
mit unseren Kunden zu identifizieren und zu realisieren, bis
zum messbaren Erfolg. Hierbei setzen wir die jeweils ge-
eigneten Managementwerkzeuge ein, insbesondere Ele-
mente des Toyota Production Systems, Six Sigma sowie
Change Management Tools. Unsere Kunden sind Unter-
nehmen der Automobilindustrie, andere Großserienherstel-
ler, der allgemeine Maschinenbau und die Prozessindust-
rie.

Wir suchen zum nächstmöglichen Zeitpunkt Projektleiter / Berater

Unsere Projekte realisieren wir vor Ort bei unseren Kunden - ein Wohnortwechsel ist deshalb nicht erforderlich, ein flexibles Arbeitszeitmodell ist möglich."

Ich kannte die Beratungsgesellschaft nicht, aber der Nachsatz mit der flexiblen Arbeitszeit hatte mir besonders gefallen, denn es kam mir nicht mehr auf ein möglichst hohes Gehalt an. Das Gehalt ist eben nur eine Komponente in seinem Berufs-Leben.

Die Eingangsbestätigung kam am selben Tag. Die Beratungsfirma setzte sich ein Zeitfenster von 4 Wochen, um sich wieder zu melden.

Gesprächseinladung 5, Dienstag, 6. November

Abends kam die erste Einladung zu einem Vorstellungsgespräch. Das war gut, ein positives Signal.

Ich bedankte mich für die Einladung zum Gespräch und bestätigte den vorgeschlagenen Termin. Im Vergleich zu den letzten Jahren, gab es ja quasi die freie Auswahl in meinem Terminkalender. Alles war frei, kein Gebastel für ein Zeitfenster von einer Stunde erforderlich, sehr ungewohnt.

Gespräch 5, Montag, 26. November

10.00 Uhr, ich hatte ein Vorstellungsgespräch.

Wir waren im Intercity Hotel in der Nähe des Hauptbahnhofs verabredet.

Die Götter des Staus und der Unfälle waren mir wohlgesonnen, die der Ampeln nicht immer und ich werde wohl hier und da einen Ampelgott durch Weiterfahren bei intensiv Gelb verärgert haben.

Um 9.30 Uhr war ich am Ort des Geschehens. Einer meiner Gesprächspartner war auch schon da, wir sahen uns vor der Rezeption. Irgendwie erkennt man sich immer in solchen Situationen.

Kurz darauf wurde es lebendig. Eine Gruppe jüngerer Japaner kam mit dickem Gepäck herein. Die beiden Damen an der Rezeption waren schlagartig gut beschäftigt. Der deutsche Betreuer der Gruppe unterstützte. Die Namen, Datum, Unterschrift, die Heimatadresse, das schien den ersten Erklärungsbedarf zu geben. Okay. Dann hakte es das nächste Mal, als den Japanern eröffnet wurde, dass ihre Zimmer jetzt, morgens vor 10.00 Uhr nicht frei waren. Die Zimmer sind bis 12.00 an die Gäste von gestern oder eben einfach von vorher vergeben. Wir könnten es bis 14.00 Uhr schaffen, normal steht ihnen das Zimmer ab 15.00 Uhr zu, führten die Damen aus. Der Betreuer und die Damen des Hotels bemühten sich in Englisch. Das Ende der Diskussion erlebte ich nicht mit. Ich ging zum Lift, zu meinem Gespräch.

Es war eine kleine Beratungsfirma, die weitere Berater und Projektleiter, das war in dieser Gesellschaft das höhere Level, suchte.

Wir waren im 7., im obersten Stockwerk des Hotels, im Raum Sky. Es war ein wunderschöner klarer, sonniger Wintermorgen, die riesige Glasscheibe, die bis zum Boden reichte, war gut geputzt und man hatte einen sensationellen Blick über Hannover. Als Bewerber schaute ich gegen das Licht, hatte also den Ausblick. Es waren drei Herren, die beiden Gründer und Geschäftsführer der Firma, und ein dritter etwas jüngerer Mann. Die Herren und die Stimmung waren sympathisch, wozu auch der schöne Raum beitrug.

Ich hatte mir vorgenommen meine eigene Vorstellung visuell mit meinem Leben in PowerPoint zu unterstützen und holte ganz beratermäßig meinen Laptop raus, da auf meine Frage ob Handout oder Bildschirm keine Response kam.

Ich war mit Beratern zusammen. Anglizismen sind schick, verdeutlichen Internationalität. Ich hatte 12 Charts, davon 26 Jahre Berufserfahrung auf 4 Seiten, gewagt, ich war selbst gespannt auf diese Premiere.

Es war ein psychologischer Trick, denn die Aufnahmefähigkeit des Menschen ist verdoppelt bei visueller Unterstützung gegenüber rein akustischer Wahrnehmung. Dieses Plus wollte ich haben.

Alles ging geschmeidig und ich hatte die drei Herren gut im Blick. Das Gespräch führte nur einer von ihnen. Wofür saßen die anderen beiden da?

Und dann kam die erste Frage des gesprächsführenden Herren. Es ging ihm um Qualitätszirkel. Qualitätszirkel sind Meetings, meist wöchentlich, 1-2 Stunden, die darauf abzielen, die Qualitätskosten, entstanden durch Ausschuss und Nacharbeit, zu senken und damit die produzierte Qualität zu verbessern, in einfachen Worten formuliert. Wie haben sich die Methoden hier in den letzten 20 Jahren geändert?

Ich dachte, is´ mir völlig schnurz, es kommt auf die Ergebnisse an und nicht auf eine darstellbare Methodenevolution. Okay, dieser Gedanke war keine mögliche Antwort.

Ich sagte ihm, dass ich, wie er meinem CV oder auch meiner Präsentation entnehmen könne, vor 20 Jahren als Projektleiter damit gearbeitet habe und jetzt seit vielen Jahren, als ergebnisverantwortliche Führungskraft diese Methode mittlerweile durchführen lasse, und für die Ergebnisse die Prügel kassieren muss oder, wenn es gut war, auch nicht.

Die Kunst sei es aus meiner Sicht, früher wie heute, das Wissen der Shopfloor-Ebene, wir erinnern uns an die wichtigen Anglizismen, verfügbar zu machen. Der erfahrene Anlagenführer, der Mann von der Shopfloor-Ebene, weiß genau was er wo und wann zu tun hat, wo Ursachen für Ausschuss an seiner Anlage sind. Er kann es vielleicht nur nicht so schön formulieren oder an Kollegen weitergeben.

Um dieses Wissen mit einzubeziehen braucht es wiederum eigene Prozesskenntnis, d.h. Kenntnis über die Wertschöpfung in der Produktionshalle, und es braucht eine Vertrauensbasis zu dem Mitarbeiter, damit dieser dem Chef in seinen Worten sein Wissen mitteilt. Somit ist es vielmehr eine Frage der Unternehmenskultur und der eigenen Persönlichkeit, als eine der evolutionierten Methodik.

Viele Führungskräfte neigen zum Ausleben ihrer Eitelkeiten, da sie ja Chefs sind, wenn unter Umständen auch nur kleine. Dies zerstört das Vertrauen zu den Mitarbeitern und damit die Möglichkeit, das Wissen vom Anlagenführer zu nutzen.

Willkommen in der Kaizen-Denk-Welt. Dies war sein zweiter Punkt. Auch hier, wen kann es überraschen, war ich mehr im realen Unternehmensalltag.

Ich hatte mir Sonntagabend vorher die Lebensläufe meiner Interviewer durchgelesen. Der Gesprächsführer hatte 10 Jahre studiert, war dann endlich fertiger Wirtschaftsingenieur, und war danach sofort in der Beratung gestartet. Nach wenigen Jahren hatte er diese Firma mit seinem Kompagnon gegründet. Dieser konnte immerhin 8 Jahre Industrieerfahrung, jedoch ohne Führungsverantwortung aufweisen.

Unterschiedliche Erlebenswelten führen zu unterschiedlichen Betrachtungsweisen. Das war im Moment die Schwierigkeit in unserer Kommunikation.

Zu gern hätte ich jetzt Gedanken lesen können.

Er führte mir die Arbeitsweise ihrer kleinen Firma aus. Vom Grundsatz klang ihr Vorgehen vernünftig. Und er sang Loblieder auf seine Auftraggeber aus der deutschen Automobilindustrie, Leading Edge, ganz vorne, wegweisend und so weiter.

Ich dachte an meine neu gekauften BMWs der letzten Jahre, die vielen Fehler, die vielen Werkstattaufenthalte und den Kampf bis zur Rückgabe des letzten nach nur 10 Monaten, weil einige Fehler nicht behoben werden konnten.

Volkswagen fiel mir ein. Die Spitzenlöhne, die diversen Konstrukte wieder in der Bezahlung der Mitarbeiter normal zu werden, wie Fabrik 5000, Leiharbeit im großen Stil etc.. 2009 hatte unser großer Nachbar in Hannover VW Nutzfahrzeuge sofort Kurzarbeitergeld in Anspruch genommen, als die Branche etwas hustete. Abwrackprämie, die nächste Subvention, und die frisch für VW gemachten Steuergesetze für die Porsche Übernahme, wodurch das Unternehmen 1,5 Milliarden Euro sparte. Die Branche war also doch spitze.

Ich dachte an einen Kundenbesuch in meinem Werk vor wenigen Jahren zurück. Es war unser wichtigster Kunde, den jeder in Deutschland kennt, wo der Inhaber mit seinem Namen für seine Qualität bürgt. In Persona kam der Leiter der Verpackungstechnik, ein bescheidener, sachlicher Mann, den ich lange Jahre kannte. Er legte mir eine Reklamation von zusammengesammelten 15 Stück aus mehreren Produktionen aus meinem Werk auf den Tisch, die letztendlich einer Liefermenge von rund 250 Millionen Stück entstammten. Dieses Zahlenverhältnis kann man weder in Prozent, noch in Promille sinnhaft ausdrücken. Selbst bei der Einheit ppm, bei parts per million, sind es nur 0,06.

Qualität und Qualitätsempfinden sind eben relativ, solange keine Merkmale klar definiert sind. Ich konnte ihm aufgrund unserer Bekanntschaft sagen, dass wir in unserem gemeinsam abgestimmten Entwurf für eine Qualitätsvereinbarung mit diesen Zahlen und diesem Produktfehler keinen Reklamationsgrund hätten. Ich war froh, pro aktiv vorher an einer derartigen Vereinbarung gearbeitet zu haben.

Ich fragte meinen Interviewer nach der Mitarbeiteranzahl und der Anzahl der Projekte. Mit den 3 Herren, die bei mir saßen waren es 15 Personen, die jedes Jahr ca. 30 Projekte bearbeiteten.

Ich fragte nach dem Alleinstellungsmerkmal dieser Beratungsfirma, warum sich denn nun gerade ein Unternehmen von dieser Firma beraten lassen sollte und dem Jahresumsatz.

Der Mann zog dicht. Auf den ersten Teil der Frage sollte er bei einem Kunden oder besser einem potentiellen Kunden eine schlüssige Antwort parat haben, um den Auftrag zu bekommen.

Aus dem Umsatz hätte ich gern das Einkommen dieser Beratungsgruppe abgeleitet, denn außer einem gemieteten Büro gab es keine weiteren Fixkosten und Reisekosten werden eh zum Kunden durchgereicht.

Die finale Frage meines Interviewers war die nach dem Gehalt, die ich immer zunächst mit dem Ist-Jahresgehalt als Ausgangspunkt beantworte.

Ich wiederholte es noch zweimal, da der Berater-Mensch ganz großzügig vorher 6.500.- € abgezogen hatte. Dabei werden doch 6,5 T€ auf den nächsten vollen Zehntausender aufgerundet.

Nach gut einer Stunde war die Runde Bewerber plus 3 Berater beendet.

Auf der Fahrt nach Hause fühlte ich wieder einmal meine Meinung über Berater, nicht alle, aber viele, bestätigt. Wenn es regnet, brauche ich keinen der mir hochwichtig und für teuer Geld mit einer Menge PowerPoint oder Excel sagt, dass es regnet. Ich sehe es ja selbst.

Meine Entscheidung stand fest. Mit diesen Herren würde ich nicht zusammenarbeiten.

Absage 5, Donnerstag, 29. November

„Sehr geehrter Herr Dr. J.,

leider müssen wir Ihnen mitteilen, dass wir uns entschlossen haben, Ihre Bewerbung nicht weiter zu verfolgen. "

Schon wieder einer der meinte zu müssen und nicht zu seiner eigenen Entscheidung stand, sich sprachlich in Fremdbestimmung versteckte.

Zusatz meinerseits: Außerdem würden viele meiner Mitbewerber wahrscheinlich für weniger Geld im Hotel und aus dem Koffer leben, ewig auf der Fahrt von Kunde zu Kunde.

Was mich ärgerte war der arrogante Unterton, nicht die Absage. An dem Punkt nicht zusammenzuarbeiten war ich bereits Montagmittag nach dem Gespräch gewesen.

Für die, die sich in der Branche nicht so auskennen, sei ergänzt, dass selbst weniger namhafte Beratungsfirmen für ihre Consulter Tagessätze zwischen 1.500.- und 2.500.- € netto plus Spesen berechnen. Die ganz bekannten großen Beratungsfirmen liegen mit ihren Tagessätzen noch deutlich höher.

Mittwoch 24. Oktober

Bewerbung 7: Gesamt-Geschäftsführer Hessen

Ein 50 Mann Unternehmen suchte über eine Personalberatung einen Gesamt-Geschäftsführer. Es produzierte Massenteile für die Elektroindustrie.

Die Anzeige war merkwürdig. Es wurde ein Maschinenbau Ingenieur TH/FH mit gut bis sehr gut abgeschlossenem Studium gesucht, der unternehmerisch dachte.

Das klang jung. Dann kam die übliche Führungserfahrung, Vorbildcharakter, Kommunikationsstärke und Stehvermögen.

Die Möglichkeit zur Beteiligung an der Firma war gut, der Satz mit *„Sie erfahren zudem Unterstützung aus einem fachkundigen Gesellschafterkreis"* hochgradig kritisch, denn zu viele Köche verderben den Brei.

Postleitzahlgebiet 3, ich schrieb hin, auch wenn ich aus einem großen Unternehmen kommend nicht der Idealkandidat war. Der war sicherlich auch noch keine 40 Jahre alt und die Dotierung der Position setzte vor mein letztes Gehalt sicher einen Faktor von 0,5.

Die Eingangsbestätigung kam am selben Tag, die Absage, Donnerstag, 8. November. Eine 2 Wochen Schamfrist war gewahrt geblieben, bis der kleine Laden mit dem *„fachkundigen Gesellschafterkreis"* durch die beauftragte Personalberatung absagte.

Dienstag 30. Oktober

Bewerbung 8: Werkleiter NRW

Es war eine Ausschreibung einer sehr renommierten Personalberatung, die ihre Anzeigen mit einer Reihe von Fragen beginnt. Ich las die Anzeige und konnte alle Fragen mit ja beantworten, das hieß, ich entsprach zu 100% den publizierten Anforderungen.

Die Größe des Werkes und der genaue Standort waren nicht erwähnt. Also waren letztendlich der Gehaltsrahmen und das Alter mögliche Knacke-Punkte.

Absage 8, Donnerstag, 15. November

Und im Laufe des Tages kam die nächste Absage.

„Sehr geehrter Herr Dr. J.,

Sie wissen, dass zur Bewertung der Basis für ein persönliches Kennenlernen Ihre faktischen Voraussetzungen und

Erwartungen mit dem Anforderungsprofil unseres Klienten verglichen wurden.

Nach dem Ergebnis dieser Vergleichsanalyse konzentriert sich das Interesse unseres Klienten auf eine sehr kleine Anzahl von Kandidaten. Mit diesen möchte unser Klient die anschließenden Verhandlungen führen, da sie dem Anforderungsprofil der Position noch näher kommen. Wir möchten Sie heute darüber informieren, dass Sie aufgrund der Entscheidung unseres Klienten leider nicht in den engsten Kreis der Bewerber einbezogen wurden. "

Das „*Anforderungsprofil des Klienten*" und die darauf basierende „*Vergleichsanalyse*". Das waren die beiden Kernpunkte.

In der Ausschreibung erfüllte ich sämtliche Anforderungen zu 100%. Also waren wohl noch mehr Kriterien in dem Profil enthalten, die den potentiellen Bewerbern gegenüber nicht publiziert wurden, die ggf. nicht konform mit dem AGG waren, wie zum Beispiel das gewünschte Geschlecht oder das ideale Alter.

Alle genannten Kriterien für die Position erfüllt zu haben und noch nicht mal eine Einladung zu einem Vorstellungsgespräch zu bekommen. Das stimmte mich sehr nachdenklich. Irgendwas war falsch.

Dienstag, 6. November

Bewerbung 9: Geschäftsführer, Raum Berlin

Ein metallverarbeitendes Unternehmen suchte im Zuge einer Nachfolgeregelung einen neuen Geschäftsführer für weniger als 100 Mitarbeiter. Dennoch las sich das Ganze gut, auch Fertigungsleiter, Betriebsleiter und Werksleiter wurden explizit ermutigt, sich hier zu bewerben.

Die Bewerber sollten ein sehr unkomfortables Online Bewerbungsformular im Internet ausfüllen, fürchterlich zappelig.

Ich rief die Telefonnummer an, die auf der Internetseite stand, und hatte eine freundliche Dame dran. Es gab also eine Assistentin, dennoch sollten alle Bewerber die Assistenten-Arbeit machen.

Die Dame gab mir eine Mail Adresse und die Information, ich solle im Betreff schreiben, das Online-Bewerbungsformular habe nicht funktioniert.

Es hatte wohl nicht nur mich genervt. Jeder arbeitssuchende oder wechselwillige Bewerber hat seine Unterlagen fertig, digitalisiert und versandbereit. Nur das Anschreiben wird jedes Mal individuell neu erstellt.

Am nächsten Tag kam die Absage. Das war schnell, von einem Tag auf den anderen.

War das Nicht-Ausfüllen des Online-Formulars der Grund? Wurde die freundliche Assistentin von ihrer oder ihrem Vorgesetzten angewiesen die frechen Bewerbungsmails mit den beigefügten Bewerbungsschreiben, Lebensläufen und Zeugnissen zurückzuweisen?

Der Bewerber würde es nie erfahren.

Dienstag, 6. November

Bewerbung 10: Seniorberater

Noch eine Beratungsgesellschaft deren Namen ich nie gehört hatte. Diesmal ging es nicht um Lean Management und das Toyota Production System.

Das Beratungsunternehmen titelte, es sei vor 25 Jahren gegründet worden, *„um Unternehmen bei der schnelleren Erschließung ihrer Marktchancen zu unterstützen und für sie neue Wachstums- und Kostensenkungspotenziale zu identifizieren. Die Quer-Denker und Problemlöser* (der Beratungsgesellschaft) *stellen die gewohnten Denk- und Beziehungsmuster bewusst in Frage und sind konsequent und ergebnisorientiert bei der Umsetzung."*

Jeder muss sich eben sein Firmenschild basteln. Es war im Anforderungsprofil zwar eine mehrjährige Erfahrung in der produzierenden Industrie oder in einer Beratung gewünscht, aber sicher keine 20 Jahre wie bei mir inklusive Führungserfahrung.

Ich bewarb mich trotzdem, diesmal als schnelle Nummer, nur die Adresse bei einem existenten Brief ausgetauscht, an dieser Stelle sowieso ohne Angabe des Ist- oder gar Wunsch-Gehalts.

Absage 10, Montag, 12. November

Die nächste Absage driftete herein. Jedes Mal konnte ich nichts aus dem neutral gehaltenen Text für mich mitnehmen, um mich zu verbessern. Nach längeren Recherchen im Internet um die korrekte und überzeugende Form der Bewerbung schloss ich dies als Grund für die vielen Absagen aus.

Dienstag, 13. November

<u>Bewerbung 11: Werkleiter / General Manager</u>

Bevor ich auf diese Vakanz geschrieben hatte, sagte mir mein Gedächtnis Achtung. Ich beobachte seit langer Zeit den Stellenmarkt und hatte bereits vor 4 bzw. 2 Jahren mit dieser Beratungsgesellschaft und exakt diesem Berater persönlich Kontakt gehabt. Wir hatten bereits telefoniert.

Und jetzt das Achtung, es war fast im Wortlaut exakt diese Anzeige, die alle 2 Jahre wieder in der F.A.Z. auftauchte, wieder publiziert wurde, von der *„Personalberatung mit Branchenorientierung"*. Ich hatte noch eine ältere Version dieser Anzeige in meinen Unterlagen.

Auf der sehr hübsch, sehr professionell gestalteten Internetseite der Personalberatung fand ich, dass das durch die Personalberatung vertretene Unternehmen sogar zeitgleich 3 Business Unit Verantwortliche suchte, einen für Süddeutschland, einen für Norddeutschland und einen für irgendwo in der Mitte.

Es war also für suchende, wechselwillige Manager aus ganz Deutschland etwas dabei, sozusagen fast um die Ecke.

Wenn denn alle Personalgesuche echt waren, hatte das Unternehmen im Hintergrund wohl einen erheblichen Durchsatz an Führungskräften. Schon wieder Achtung.

Aufgrund meiner schwachen Situation hatte ich dennoch hingeschrieben.

<u>Telefonat 11, Montag, 19. November</u>

Ich rief morgens 8.15 Uhr den Personalberater auf dem Mobil zurück, es war bei ihm gerade ungünstig, wir telefonieren später. Er klingelte bei mir 16.00 Uhr an. Ich war gerade mit dem Wagen unterwegs und hatte das Telefon nicht an das Auto angemeldet.

Ich finde es fürchterlich, im Auto zu telefonieren. Auch über die Freisprechanlage ist durch Telefonieren eine Ablenkung vom Auto fahren gegeben, die nicht sein sollte, selbst wenn dies alles erlaubt ist. Außerdem kann man sich keine Notizen machen. Umso länger das Telefonat wird, umso größer ist die Gefahr, dass Dinge wieder verloren gehen.

Ich fuhr rechts ran, an eine Bushaltestelle. Mein Mercedes wiegt über 1,9 Tonnen, hat also fast Kleinbus-Gewicht, und das als Roadster. Motor aus, okay, wir unterhielten uns.

Wir waren in der Verpackungsindustrie, meinem Metier, papierbasierte Verpackungen, ein internationaler Konzern, das meint mehr Reporting-Aufwand an ein irgendwo befindliches Headoffice, aber auch höhere Gehälter als bei einem unabhängigen Mittelständler, die Geschäftsführung / Werkleitung einer Business Unit mit gut 100 Mitarbeitern, klein, fast gefährlich klein.

Ja, ich bin mobil und ich habe natürlich eine höhere Affinität zu Norddeutschland, das ist aber kein Dogma, Gehalt, Verfügbarkeit, das Übliche. Ich spreche den wahren Grund meiner kurzfristigen Verfügbarkeit an, denn warum sollte ich lügen, oder besser, eine Geschichte kreieren. Das ist nicht meine Art.

Okay, kein Kommentar von dem Personalberater. Er ruft mich in einer Stunde wieder an.

Bis abends um 22.00 Uhr legte ich mir sowohl das Mobil als auch das Festnetztelefon in meine Nähe, in den besten Hörbereich. Es passierte nichts.

Telefonat 11, Dienstag, 20. November

Um 12.00 rief der Personalvermittler an. Absage, keine Vertriebserfahrung, ja, Verpackungsindustrie okay, aber nicht papierbasiert und sie sind ja kein Geschäftsführer, das Profil hat sich verändert und es sind viele Kandidaten da.

Alles das wusste der Mann bereits gestern, zumindest wenn er meine vollständigen Unterlagen und mein Anschreiben nur einmal gelesen hatte.

Was war über Nacht passiert?

Die Wahrscheinlichkeit, dass dieser Herr gelogen hatte war höher als kein Richtiger beim Lotto. Am dreistesten fand ich den Nachsatz mit den vielen Kandidaten, die ihm wohl über Nacht zugeflogen waren. Wenigstens dies konnte nicht passiert sein.

Ich hätte mir eine nachvollziehbare Begründung der Absage nicht nur gewünscht, sondern sicherlich wie jeder ernsthafte Kandidat auch verdient gehabt. Ich war bei allen Punkten bei der Wahrheit geblieben und wenn mein Ist-Gehalt für seinen Auftraggeber zu hoch erschien, warum sagte er es nicht. Wenn sonst alles stimmig war, würde ich auch für weniger Geld unterschreiben. Ich wollte wieder agieren.

So blieb neben den vielen Fragezeichen ein bitterer Beigeschmack irgendwie verkaspert worden zu sein, von jemand, der nur vermittelt zwischen Arbeitgeber und Arbeitnehmer, und die Erkenntnis, auf irgendwelche mehr oder weniger seriösen Gesuche dieser Personalberatung sicher nicht mehr zu antworten.

Absage 11, Donnerstag, 29. November

Der mysteriöse, unseriöse Branchenspezialist, der am Telefon bereits am 20.11.2012 abgesagt hatte, schickte tatsächlich noch ein Schreiben hinterher:

„Sehr geehrter Herr Dr. J.,

zunächst bitten wir höflich um Entschuldigung, dass wir erst heute auf Sie zukommen können und bedanken uns gleichzeitig für das unserem Hause entgegengebrachte Vertrauen.

Bedauerlicherweise müssen wir Ihnen jedoch mitteilen, dass Sie für weitere Gespräche im Rahmen dieses Projektes nicht berücksichtigt werden konnten.

Ihr Einverständnis vorausgesetzt, haben wir Ihre relevanten Daten in unserem Hause archiviert, so dass - sollten sich zukünftig Ansatzpunkte für eine Ihren Qualifikationen entsprechende Position ergeben - wir gerne wieder auf Sie zukommen werden. Bis dahin verbleiben wir

mit freundlichen Grüßen

xxx GmbH

J. R.

Partner

PS: Bitte beachten Sie auch weitere Stellenangebote aus der Druck- und Verpackungsindustrie unter www.xxx.de."

Der Brief war echt über und wieso konnte er denn erst heute auf mich zukommen? Was hatte den Mann denn daran gehindert? War er schwer erkrankt oder lag es einfach nur an mangelhaftem Umgang mit der deutschen Sprache?

Letzteres schien wahrscheinlicher.

Im April und auch Mitte August des Jahres drauf sah ich die Ausschreibung wieder. Seit 5 Jahren kannte ich sie. Wieder und wieder wurde angeblich ein Werkleiter / Geschäftsführer für eine mittelständische Unternehmenseinheit in der spezifischen Branche gesucht.

Am liebsten würde ich den dubiosen Berater fragen, was diese Fakes sollten, ob er sich nicht seriös seine Manager-Datenbank erweitern könne. Ich tat es nicht, denn es wäre unterm Strich Zeitverschwendung gewesen und würde mich keinen Millimeter nach vorne bringen.

Also Achtung, es gibt keine Stelle. Der Bewerber kann sich die Mühe sparen. Es geht nur um eine Erweiterung der Managerkartei dieser Personalvermittlung.

Donnerstag, 15. November

Es war Mitte November. Ich surfte durch die Stellenbörsen. 11 Bewerbungen hatte ich bis jetzt auf die Reise gebracht und 1 Gespräch vereinbaren können. Auch nach Herbstferienende war das Stellenangebot nicht wirklich dicker geworden. Immer noch herrschte Flaute. Die gesamte F.A.Z., die ich trotz Internet ab Anfang Oktober am Kiosk für mich jeden Samstag geordert hatte, war kaum so dick, wie vor Jahren der Beruf und Chance Teil allein, wenn sie wissen, was ich meine.

Es machte keinen Sinn jetzt 500.- € für ein sichtbares Stellengesuch zu investieren.

Glücklicherweise war es heute nur Zeit, viel Zeit, und Herzblut, für eine Bewerbung via Mail und nicht die etwa 10.- DM zusätzlich für Mappe, Foto, Porto etc. wie früher.

Absagen. Absagen, auch wenn sie denken, bzw. gedacht haben, ich habe euer Profil in meinem CV vorzuweisen, ich kann das alles, was ihr wollt, ich habe das schon gemacht, sehr erfolgreich gemacht. Natürlich gab es keine Gründe für die Absagen außer dem üblichen, scheinbar standardisierten Grund, andere Bewerber waren halt noch besser geeignet. Das kam auch, wenn ich mein aktuelles Gehalt weggelassen hatte.

Es konnte nur einen Grund geben, der auf der Hidden Agenda ganz oben platziert war. Ich war in der Todeszone, in der Deadzone 50 plus, denn ich war 53 Jahre alt. Also alt, zu alt.

Und sie denken, die große Koalition hat uns doch vor kurzem alle jünger gemacht, bzw. ausdauernder gestempelt, mein Jahrgang und Geburtsmonat ist fit bis 66,2 Jahre Lebensalter. Die Politik wollte davon bereits jetzt nichts mehr wissen und in der Industrie bzw. bei den meist zwischengeschalteten Personalberatern ist es wohl erst gar nicht angekommen.

Und ich war bis vor Tagen in geistiger Topform, jeden Tag 10 Stunden plus in einem Höllentempo. Keiner hatte die Speed und die Power.

Und jetzt.

Sie wünschen sich vom Arbeitsmarkt überhaupt wahrgenommen zu werden.

Und eins ist klar, wenn es irgendwo klappt, heißt das Wochenendbeziehung und 5 Tage die Woche in einer kleinen Bude leben, alleine, jeden Abend, ohne die gewohnte Umgebung, häuslich, wie auch menschlich. Alles wirklich sensationelle Perspektiven.

Seit 7 Wochen war ich freigestellt, von der Erbringung meiner Arbeitsleistung befreit, oder anders gesagt, durfte ich nicht mehr mitspielen. Es passierten mir kleine Fehler, sicherlich unwichtig, aber sie waren mir zu aktiver Zeit nie passiert. Ich hasse Fehler.

Mittwoch war ein guter Tag gewesen, mit Sonne, tiefer Sonne, den ganzen, kurzen Tag, fast 10° warm, top für diesen grauen Monat, den ich von Jahr zu Jahr weniger mag. Über Mittag war ich im Garten gewesen, hatte den Rasen gemäht bzw. den mächtigen Moosley, wie ich die Grünfläche unseres kleinen Parks nenne, denn das Moos hat schon lange die Majorität. Eigentlich hatte der Rasenmäher die Funktion eines Laubsaugers gehabt.

Heute zog mir das Wetter die letzte Energie. Es hatte über Nacht gefroren, 3° unter Null, Nebel den ganzen Tag. Alles schien zu stehen, wie mein Arbeitsleben. Nichts bewegte sich. Ich nutzte den großen Touring und brachte die vier großen, grünen Säcke in einer Fahrt zum Wertstoffhof, das war wenigstens positiv.

Und die Idee, die schon seit längerer Zeit in meinem Kopf war, den CV, meinen, als PowerPoint Präsentation darzustellen, ging in die Umsetzung. Vielleicht konnte ich damit mal in einer Bewerbungssituation punkten. An die zehn Stunden saß ich am Laptop, nicht schlecht.

Donnerstag, 22. November

Bewerbung 12: Betriebsleiter, Ostwestfalen

Die Ausschreibung war von einer sehr bekannten, der nach meiner Einschätzung renommiertesten Personalberatung. Eine Betriebsleitung wäre für mich ein Schritt zurück gewesen, dennoch las die Stelle sich gut und sie war in der Nähe.

Ein Produktionswerk mit 150 Mitarbeitern, eingebunden in eine internationale Unternehmensgruppe, Austausch mit internationalen Kollegen, standortübergreifende Best Practice Ansätze, Betriebsratsarbeit.

Es ging zwar um Kunststoffverarbeitung, aber hier wurde wirklich eine erfahrene Persönlichkeit gesucht, ein echter Produktions-Profi.

Eingangsbestätigung 12, Freitag, 23. November

Scheinbar hatte es ein Upgrade gegeben. Die Ausschreibung lautete Betriebsleiter, jetzt hieß sie Werkleiter.

„» Projekt xxx - Plant Manager (m/f)

Sehr geehrter Herr Dr. J.,

vielen Dank für Ihr Interesse an unserer oben genannten Ausschreibung.

Die Durchsicht der Bewerbungsunterlagen sowie die Abwicklung und sorgfältige Bearbeitung in unserem Hause werden erfahrungsgemäß einige Zeit in Anspruch nehmen.

Wir sagen Ihnen gerne zu, dass Ihre Daten nur im Rahmen der vertraglichen und gesetzlichen Vorgaben, insbesonde-

re Bundesdatenschutzgesetz, erhoben, verarbeitet und genutzt werden. Wir sichern Ihnen absolute Vertraulichkeit zu.

Sie werden so bald wie möglich von uns hören.   "

Endlich einmal kam in der Eingangsbestätigung der Datenschutz und das Bundesdatenschutzgesetz vor. Das war erfreulich. Jede Bewerbung enthält sein eigenes Leben, zumindest den großen Part Ausbildung und Beruf, und dies ist persönlich und eben nicht für eine dem Bewerber unbekannte Öffentlichkeit bestimmt.

Telefonat 12, Mittwoch, 12. Dezember

Jetzt war der Betriebsleiter wieder der Betriebsleiter, bei der Eingangsbestätigung hatte es das temporäre Upgrade zum Werkleiter gegeben:

„Sehr geehrter Herr Dr. J.,

wir beziehen uns auf Ihre Bewerbung für die Position „Betriebsleiter (m/w)" und würden uns gern zunächst telefonisch darüber mit Ihnen austauschen.   "

Telefonat 12, Freitag, 28. Dezember

Zurück von 1,5 Wochen unter südlicher Sonne vor Weihnachten hatte ich mich wieder auf Stand gebracht. Tatsächlich war die Personalberatung zwischen den Jahren besetzt und ich erreichte die gewünschte Dame. Ich hatte in meiner Bewerbung mein aktuelles Gehalt genannt. Wir sprachen über die Position, die deutlich tiefer dotiert war, ein Minus von 30 %. Sollte ich jetzt die berühmte Katze aus dem Sack lassen und ihr meine berufliche Situation mitteilen? Das hatte schon einmal zu einer Art Spontan-Absage geführt.

Ich hielt mich bedeckt, bekundete mein Interesse an der Ausschreibung und deutete an, wenn alles passen würde, in puncto Gehalt auf jeden Fall eine Lösung finden zu können, auch wenn dies Defacto weniger Einkommen bedeutete.

Die 2. Januar Woche würde mich der zuständige Berater zu einer Terminabsprache anrufen.

Nachfrage 12, Montag, 4. Februar

In der 2. Januar Woche hatte mich ein Berater kontaktieren wollen, um ein Gespräch zu vereinbaren. Dies war nicht geschehen. Ich hakte nach, wollte den Status erfahren.

Absage 12, Freitag, 8. Februar

Am frühen Abend kam die freundliche, aber negative Antwort der Personalberatungsmitarbeiterin herein, mit der ich Ende letzten Jahres persönlich telefoniert hatte.

Das Ergebnis, auch wenn noch so höflich und respektvoll formuliert, war leider wieder eine Absage, da die Stelle 30 % niedriger dotiert war. Meine telefonische Botschaft an die Dame war gewesen, dass es am Gehalt nicht scheitern würde, wenn sonst alles passte.

Das war sehr ernst gemeint und ich hätte gern mehr über die Stelle erfahren.

Dienstag, 27. November

Bewerbung 13: Plant Manager Hessen

Abends schickte ich eine Bewerbung direkt über den Button Online Bewerbung auf eine interessant klingende Werkleitung in Hessen los. Ich fügte nur einen kurzen Text in dem dafür vorgesehenen Feld ein und lud meinen CV hoch.

Ich mag es überhaupt nicht, meinen Lebenslauf, meine persönlichen Daten irgendwo hochzuladen. Man weiß als Bewerber sowieso nie, wo denn seine Unterlagen, seine Zeugnisse letztendlich landen. Wie schnell ist bei einer E Mail Bewerbung mal kurz der Weiterleiten-Button angeklickt.

Die Ausschreibung war klar und knackig formuliert. Ein großer Lebensmittelhersteller, global aktiv, suchte für ein 200 Mann Werk mit 5 Direct Reports in Hessen einen Werkleiter.

Besonders gut gefiel mir in der englischen Anzeige im Anforderungsprofil der Satz *„Able to deliver in all areas, not happy to accept less than 100%"*

Wo diese 100% auch immer lagen, aus Sicht eines Hochspringers bei 2 oder bei 3 Meter Latten- bzw. Sprunghöhe.

Wie immer bei dieser Personalberatung und ebenfalls völlig nichtssagend endete der Anzeigentext mit *„Good working environment, attractive salary package + company car."*

Nach Minuten kam per Automatismus die Antwort Mail:

„xxxde-webmaster@xxx.com;

Liebe Bewerberin, lieber Bewerber,

vielen Dank für die Zusendung Ihrer Bewerbungsunterla-
gen und das damit verbundene Vertrauen in uns.

Die sorgfältige Prüfung Ihrer Bewerbung erfordert ein we-
nig Zeit, daher bitten wir Sie um etwas Geduld. Wir werden
Ihr Bewerbungsprofil zeitnah mit der Vakanz abgleichen,
auf die Sie sich beworben haben. Bitte haben Sie Ver-
ständnis, dass es aufgrund der Vielzahl von Bewerbungen
einer Absage für diese Position gleichkommt, wenn wir uns
nicht innerhalb der nächsten drei Wochen bei Ihnen mel-
den.

Als Mitglied unserer Datenbank werden Sie selbstverständ-
lich auch bei zukünftigen Vakanzen berücksichtigt. Sobald
wir eine für Sie passende Position gefunden haben, treten
wir umgehend mit Ihnen in Kontakt, "

2 Dinge waren interessant. Wenn der Bewerber nach 3
Wochen nichts gehört bzw. gelesen hatte, dann kam auch
nichts mehr. Und mit der Bewerbung wurde man „als Mitglied unserer Datenbank" registriert. Wie konnte das passieren? Ich hatte keinen Aufnahmeantrag gestellt.

Ein totaler Automatismus.

Gesprächseinladung 13, Donnerstag, 29. November

2 Tage nach meiner Bewerbung bekam ich eine Einladung
zu einem Gespräch nach Frankfurt. Ich dachte, wow, das
war Highspeed, Dienstagabend hast du deinen CV mit einem kurzen Anschreiben über die Homepage der Personalberatung erst hochgeladen.

Bei der knackigen Ausschreibung schien es genauso knackig weiter zu gehen. Gut!

Telefonat 13, Freitag, 30. November

Morgens rief ich die Personalberaterin an und wir fixierten einen Termin.

10.50 Uhr schrieb die Dame:

„Sehr geehrter Herr Dr. J.,

ich freue mich Sie am Montag, den 03. Dezember um 14:00 Uhr, in unserem Frankfurter Büro begrüßen zu können.

Zur Vorbereitung auf das Gespräch finden Sie auf unserer Internetseite (http://www.xxx.de) im Bereich Kandidaten erste Informationen zu folgenden Themen:

Wer wir sind

Unsere Spezialisierungen

Wie wir Sie unterstützen

Referenzkunden

Karriere-Tips

Im Bereich My xxx haben Sie die Möglichkeit, sich als Kandidat zu registrieren und von zusätzlichen Funktionen zu profitieren.

Bitte senden Sie uns – falls nicht schon geschehen – vorab Ihre Zeugnisse und Beurteilungen per .pdf-Datei und Ihren Lebenslauf (Deutsch & Englisch) als Word-Datei und den ausgefüllten Bogen mit Namen und Kontaktdaten von 2 bis 3 Referenzgebern zu.

Vielen Dank dafür.

Unsere Gesprächszeit wird ca. 45 Minuten betragen. Ihr Gesprächspartner werde ich sein.

Unsere Anschrift lautet wie folgt:

xxxplatz

60xxx Frankfurt am Main

Bitte melden Sie sich beim Empfang in der Lobby. Am besten erreichen Sie uns mit der Straßenbahn xxx oder dem Bus xxx. Wenn Sie mit dem PKW anreisen, geben Sie als Ziel "xxxstrasse" oder "xxxstrasse" (Anfahrt über die xxxallee) im Navigationssystem ein.

Unsere Wegbeschreibungen finden Sie unter folgendem Link…

Wir bitten Sie um Verständnis, dass xxx International die Reisekosten in diesem Fall nicht erstatten kann.

Anbei der Link zur Homepage meines Kunden http://www.xxxgroup.com/

Es geht um das Werk in xxx bei Wroclaw.

Bis zu unserem Gespräch wünsche ich Ihnen eine angenehme Zeit und verbleibe

mit den besten Grüßen

M. M. S.

Senior Associate

xxx Engineering & Manufacturing"

Es schien ja die Rundum-Betreuung in der Mail zu sein. Es fehlten nur noch Bedienungshinweise für das Navigationsgerät im Auto.

Wie es mit den zwei bis drei Referenzgebern nach bald 14 Jahren in ein und derselben Firma gehen sollte, wusste ich nicht. Die dicken Haken waren aber andere. Der Standort des Werkes war von Hessen nach Polen gerutscht. Das wunderte mich sehr. Haken Nummer 2 waren die Reisekosten, die sie nicht erstatten *„konnten"*. Das meinte wie immer nicht erstatten wollten.

Aber noch spielte ich mit und schickte die fehlenden Infos rüber.

Nach Minuten hatte ich die nächste Mail der Dame auf dem Bildschirm. Sie hatte noch eine Nachfrage zu meinem Gehalt. *„Ist dieses Gehalt das Paket oder Fixum?"*

So wurde das nichts. Ich rief sie an, um weiterzukommen.

Es war ein ursprünglich irischer, weltweit agierender Konzern mit 24.000 Mitarbeitern, der einen Werkleiter für sein polnisches Werk in der Nähe von Breslau suchte, da der zum Werkleiter aufgestiegene Pole wieder zurück zu seinem Job als Produktionsleiter wollte und die irischen Chefs jemand mit deutschen Tugenden zum Aufräumen suchten.

Das war Harakiri.

Und Hessen war nur der Standort der Personalvermittlung. Die meisten hätten das bei der Stadt Frankfurt a. M. auch so gewusst.

Ich sagte der von der Stimme her jungen Personalvermittlerin, dass ich nie einen Deutschen auf ein polnisches Werk setzen würde. Die polnische Mentalität ist echt anders, es wird ja gesagt, aber nein gemacht, und die Sprache, in der einfach Vokale fehlen, ist zumindest für meine Zunge nicht erlernbar.

Ich erzählte ihr von meinem Besuch letztes Jahr in Polen, wo meine Ex-Firma ein kleines Unternehmen zugekauft hatte. Es war, off the records, wirklich noch Ostblock. Die leeren großen Fabrikgebäude sahen aus, als ob alle Mitarbeiter weggerannt waren, sobald sie es konnten oder durften und es roch nach Braunkohle wie in besten DDR Zeiten.

Fazit: In Deutschland können wir über alles sprechen, nach Polen gehe ich nicht.

Was ebenfalls noch klar wurde, diese sehr namhafte Personalvermittlung wollte keine Reisekosten des Kandidaten zum Vorstellungsgespräch übernehmen, also Achtung. Das wären für mich rund 750 Kilometer mit dem Wagen, 7 bis 8 Stunden Fahrt, vielleicht mehr, es sollte Schnee geben, plus eine Stunde Interview gewesen, echt idealistisch, zu idealistisch.

Ich sagte alles ab.

Montag, 10. Dezember

Bewerbung 14: Director Operations / Betriebsleiter, Dortmund

Durch einen Zufall schrieb ich diese heutige Bewerbung an dieselbe Beratungsgesellschaft von der gerade eine Absage reingekommen war. Die Absage kam aus dem Münchener Büro, die Bewerbung ging nach Düsseldorf.

Die Stelle war hochinteressant. Massenfertigung, die Verantwortung für 2 Werke und den Produktzweig europaweit, alles bei einem großen Mischkonzern, mit Berichtslinie an den Vice President Operations Europe, genau wie das letzte Mal und nicht zu weit von Hannover zu fahren.

Diesmal endete die gut formulierte Ausschreibung mit *„Ihr Einsatz und Ihr Engagement werden mit einem attraktiven Gehaltspaket honoriert, welches der Verantwortung der Position mehr als gerecht wird."*

Eine überzahlte Stelle? Das war unwahrscheinlich.

Absage 14, Mittwoch, 10. April

Die freundlichste Absage aller Zeiten kam 4 Monate nachdem ich mich beworben hatte. Wenn man nach spätesten 4 Wochen keine Einladung zum Gespräch hat, wird es sowieso in einer Absage enden. Das weiß man aus Erfahrung und nicht aus automatischen Antwort-Mails einzelner Personalberatungen.

"Position: Director Operations (m/w)

Kennziffer: DE-xxx

Sehr geehrter Herr Dr. J.,

wir danken Ihnen für das uns entgegengebrachte Vertrauen und Ihr Interesse an der o.g. Position.

Auch wenn Sie uns mit Ihrer Qualifikation und Ihrem bisherigen Werdegang beeindruckt haben, können wir Sie im weiteren Bewerbungsprozess nicht berücksichtigen. Sehen Sie diese Entscheidung bitte nur im Zusammenhang mit dieser Stellenausschreibung, nicht als eine Bewertung Ihrer Qualifikation oder Persönlichkeit.

Wir möchten gerne weiterhin mit Ihnen in Kontakt bleiben, um gegebenenfalls im Rahmen einer anderen Position mit Ihnen ins Gespräch zu kommen.

Wir wünschen Ihnen bis zu unserem nächsten Kontakt alles Gute.

Mit freundlichen Grüßen

T. F.

Business Analyst

xxx Germany"

Freitag, 28. Dezember

Nach 11 fantastischen Tagen Urlaub auf Fuerteventura mit schönstem Wetter hatte mich die Welt in Hannover wieder. Ich tat das Übliche. Ich arbeitete gut 2 Wochen Internet Stellenanzeigen nach, mit dem Resultat von 3 Bewerbungen auf nicht wirklich starke Posten quer übers Bundesgebiet.

Damit war das Jahr zu Ende.

Bewerbung 15: Werkleiter, Achim

Es war auf gut Deutsch gesagt ein Mini-Laden mit 45 Mitarbeitern. Ein Mini-Laden braucht keinen promovierten Ingenieur aus einer Konzernwelt als Werkleiter. Aber bei einer Autostunde Entfernung schrieb ich dennoch hin.

Eingangsbestätigung 15, Mittwoch, 9.Januar

Knapp 2 Wochen nach der Bewerbung kam doch noch eine Eingangsbestätigung. Da war wohl jemand im Urlaub gewesen.

Absage 15, Donnerstag, 7. Februar

Vormittags kam diese Absage-Mail aus Stuttgart von einer Mitarbeiterin des Unternehmens mit deutschem Namen rein:

„Sehr geehrter Herr Dr. J.,

nochmals vielen Dank für die Übersendung Ihrer Bewerbungsunterlagen und für Ihr Interesse an einer Mitarbeit in unserem Unternehmen.

Leider müssen wir Ihnen mitteilen, dass wir unseren Bewerbungsprozess beendet und eine Entscheidung getroffen haben. Die Wahl, Sie im Bewerbungsprozess zu berücksichtigen, ist leider nicht auf Sie gefallen.

Wir wünschen Ihnen für Ihre weitere Stellensuche viel Erfolg.

Mit freundlichen Grüßen

E. S.

Personalwesen

xxx GmbH & Co.KG"

Das war wirr. Deutsche Sprache, schwere Sprache. Aber so hat diese Mail es geschafft, in diesem Buch zu bleiben.

Freitag, 28. Dezember

Bewerbung 16: Werkleiter, Raum Leipzig

Die Ausschreibung lief über ein Unternehmen, das mir als Zeitarbeitsfirma bekannt war. Dass es jetzt auch Führungskräfte vermitteln wollte, war neu. Ich hatte vorher und habe danach kein Angebot auf diesem Level von dieser Personalfirma gesehen. Aber offensichtlich kann es ja jeder, den richtigen Manager zu dem suchenden Unternehmen zu bringen.

Die Ausschreibung war schlecht, ohne präzise Informationen und einige Aufgabenstellungen passten nicht wirklich zu den Anforderungen an den idealen Kandidaten.

Es war z. B. ein abgeschlossenes technisches Studium erwünscht und der Werkleiter sollte die Früh- und Spätschicht einteilen, obwohl es eine Abteilungsleiterebene gab, mit denen der Werkleiter *„team- und ergebnisorientiert"* zusammenarbeiten sollte.

Niedlich war auch die gewünschte *„betriebswirtschaftliche Betrachtungsweise".*

Da für den Bewerber alles noch auf maximal 2 MB begrenzt war, schickte ich, irgendwie neugierig, ein Anschreiben und meinen CV hin.

Schließlich hieß es doch *„Nutzen Sie unseren Informationsvorsprung und sparen Sie sich den Bewerbungsmarathon. Mit xxx Personalvermittlung entstehen Ihnen keinerlei Kosten! Wir garantieren Ihnen mit unserer langjährigen Erfahrung 100% Engagement, Professionalität und natürlich vollste Diskretion."*

Was das jetzt mit dieser einen Führungsposition zu tun hatte, wird wohl ein ewiges Geheimnis bleiben.

Die Eingangsbestätigung kam automatisch.

„Sehr geehrte Bewerberin, sehr geehrter Bewerber,

vielen Dank für Ihr Interesse an unseren Personaldienstleistungen. Jede Bewerbung ist uns enorm wichtig. Eine schnelle und professionelle Sichtung Ihrer Unterlagen ist unser Anspruch. Wir werden uns innerhalb von 2 Arbeitstagen bei Ihnen melden. "

Wow, eine Antwort in 2 Tagen wurde versprochen, eine echte Antwort und keine automatische. Da war ich gespannt, ob die Zeitarbeitsfirma ihre Aussage einhalten würde.

Diese Antwort hatte ich am letzten Arbeitstag des Jahres bereits für voraussichtlich unwahr gehalten. Nach über 2 Wochen ohne eine Nachricht war sie definitiv unwahr.

Die unendliche Geschichte mit den Personalvermittlern hatte ein weiteres hässliches Puzzle-Steinchen hinzubekommen. Monate später schickte ich nochmal eine Mail hinterher. Nichts, keine Reaktion. Gibt es bei den Personalvermittlern einen Lösch-Automatismus von Bewerbungsunterlagen, die älter als 4 oder x Wochen sind?

Dennoch wäre es ein Gebot der Höflichkeit zu antworten.

Freitag, 28. Dezember

Bewerbung 17: General Manager, Nürnberg

Eine deutsche Unternehmensgruppe mit deutschem Präsidenten, alles Teil eines amerikanischen Konzerns, suchte für einen Standort einen Geschäftsführer, da die Stelle aufgrund *„einer karrierebedingten Veränderung des jetzigen Stelleninhabers"* vakant geworden war.

Absolutes Minus: der Präsident der Unternehmensgruppe hatte seinen Dienstsitz auch an diesem Standort.

Die Anzeige war wenig konkret. Mit noch frischer Urlaubsenergie schrieb ich hin.

Absage 17, Mittwoch, 9. Januar

Es kam die erste Absage des Jahres, auf eine Bewerbung vom vorletzten Freitag.

Die Absage war sehr höflich und freundlich geschrieben. Ich hatte mit ihr gerechnet, nicht nur wegen der eher konfusen Ausschreibung.

Im Online Inserat war ein Link zu *ihrem Ansprechpartner*. Natürlich hatte ich mir den Ansprechpartner angesehen. Es war ein untersetzter Mann mit schütterem Haar, Ende 50, der sich dynamisch im weißen Hemd mit Krawatte ohne Sakko für den Internetauftritt hatte ablichten lassen. Er war gelernter Bankkaufmann. Und das war der kritische Punkt. Warum arbeitete der Mann nicht in einer Bank? Das hatte er doch mal gelernt. Wie sollte er Industrie-Manager vermitteln?

Aber es hatte auch was Gutes. Ich brauchte mich gedanklich nicht mit einem Umzug nach Nürnberg auseinandersetzen, denn hier befand sich die vakante Standortleitung.

Mittwoch, 9. Januar

<u>Bewerbung 18: Werkleiter, Niedersachsen</u>

Eine Werkleitung im nördlichen Niedersachsen, ohne Angabe der Werksgröße, wie so oft. Das Unternehmen produzierte Tiefkühlkost.

Einige Punkte in der Ausschreibung passten nicht zusammen.

Das Werk hatte *„Manufakturcharakter...mit teilautomatisierter, sehr flexibel organisierter Produktion."*

Und es wurden, quasi als Standard-Anforderung, *„Kenntnisse einschlägiger Prozesse, Tools und Standards (KVP, Six Sigma, Kaizen, etc.)"* gefordert.

Eines war gewiss: der Verfasser des Inserats kannte sich hier nicht aus.

Aber meine goldene Regel war: auf Ausschreibungen in der Nähe wird sich beworben. Wie immer bei dieser Personalberatung geschah dies online mit Anschreiben und CV.

Wieder kam eine automatische Eingangsbestätigung, eine, die ich schon kannte, da die Beratung sehr aktiv war (siehe Bewerbung 13).

Wieder blieb ich an demselben Satz mit den 3 Wochen hängen. Hörte der Bewerber 3 Wochen nichts, bedeutet das eine Absage. Egal was passierte oder eben nicht passierte, dadurch war allen Eventualitäten vorgebeugt, selbst wenn niemand, also kein Mensch, je die Bewerbung sah.

Das war würdelos und nicht mit einer hohen Anzahl von Bewerbungen zu entschuldigen, wie es auch hier versucht wurde.

Außerdem blieb für das suchende Unternehmen, das diesen Vermittler beauftragt oder hoffentlich besser nicht, eine Frage ungeklärt: wie will diese Vermittlung denn den wirklich idealen Kandidaten für eine spezifische Vakanz finden, wenn noch nicht mal sichergestellt ist, dass jede eingehende Bewerbung geprüft wird?

Interessant wäre zu wissen, ob diese Personalvermittlung kostengünstiger oder billiger als andere war, denn sie wollte keine Reisekosten an die Bewerber bezahlen.

In Englisch gab es das ganze gleich nochmal, damit man minimalistisch den Automatismus global überall installieren konnte.

Montag, 14. Januar

Der Winter hatte Hannover seit einigen Tagen erreicht. So eisig schien auch der Stellenmarkt zu sein. Ich verschob mein Vorhaben erneut, rund 500.- € für ein sichtbares Gesuch in der Frankfurter Allgemeinen auszugeben. Sichtbar hieß ca. 50 * 90 mm. Es ging ja nicht um einen 400.- bzw. jetzt ab 2013, einen 450.- € Mini-Job.

Ich hatte auf der Internetseite der F.A.Z. hin- und her gesucht, um herauszufinden, ob die Gesuche von Kandidaten nicht auch eine gewisse Zeit Online zu sehen waren. Ebenfalls hatte ich überlegt, mein Gesuch nur Online zu schalten. Wenn wir in der Firma neue Mitarbeiter gesucht hatten, waren wir die letzten Jahre nur im Internet aktiv gewesen und hatten auf Printmedien völlig verzichtet. Dies war effektiver und kostengünstiger.

Um sicher zu gehen, griff ich ganz altmodisch zum Telefon und rief in der Anzeigenannahme, Rubrik Gesuche an. Die von der Stimme her ältere Dame der F.A.Z. gab mir die Antwort, alle Offerten seien 30 Tage online im Internet zu sehen. Als ich nochmal meine Frage wiederholte und unterstrich, es gehe um Gesuche nicht um Offerten, gab es die Antwort, dass diese nicht online zu sehen sind. Diese Anzeigen würden einmal in einer Samstagsausgabe gedruckt und sie sind doch schon so preiswert.

Ich bedankte mich höflich für die nicht zufriedenstellende Auskunft. Ich hatte bei meiner Internetsuche offensichtlich nichts übersehen, teilte jedoch die Meinung der Zeitungsmitarbeiterin nicht.

500.- €, das entsprach einem Drittel oder, wenn es gut lief, einem Viertel des Netto-Monatseinkommens der Dame am Telefon.

500.- €, wobei ich immer noch reflexartig die Zahl 1.000.- DM im Kopf hatte, ist viel Geld für keine 50 cm² Zeitung. Die Fläche einer einzelnen Seite, keiner Doppelseite, beträgt 2.280 cm². Bedruckt man eine einfache Zeitungseite mit Stellengesuchen, kommt man auf Einnahmen von über 20.000.- €. Ja, die schönen Rollenoffset Druckmaschinen sind Millionen Investitionen und man braucht gute Facharbeiter, um anständige Ergebnisse zu erzielen. Dennoch sollte bei diesen Einnahmen aus Anzeigen einiges übrig bleiben, um zum Beispiel den Kulturteil mit zu finanzieren.

Geradezu putzig wirkte es, wenn man beim Stöbern auf der F.A.Z.-Internetseite einen Artikel finden konnte, der ausführte, dass nur 1% aller Neueinstellungen in Deutschland über initiative Stellengesuche in Tageszeitungen zu Stande kämen.

Als Firma oder Personalberatung hatte man es deutlich besser. Da konnte man 4 Wochen online im Internet mit seiner Offerte sichtbar bleiben. Warum wurde das nicht auch aktiv Suchenden angeboten?

Dienstag 29. Januar

Bewerbung 19: Geschäftsführer, Otterndorf

Am Abend hatte ich endlich wieder auf eine passende Stellenanzeige schreiben, mich bewerben können. Es ging um eine Co-Geschäftsführung eines mittelständischen, unabhängigen und inhabergeführten Lebensmittelherstellers in Norddeutschland. Es wirkte alles sehr regional, um das Wort provinziell zu vermeiden, aber Versuch macht klug.

Das Gute war: Die Firma suchte direkt, hatte nicht den Filter eines Personalvermittlers eingeschaltet.

Außerdem gab es ein Kuriosum, das ich auf der Homepage der Firma entdeckt hatte. Mein langjähriger Qualitätsmanager in meiner letzten Firma bzw. seine Familie hatte früher unter eigenem Namen ebenfalls Lebensmittel produziert. Sie hatten vor gut 15 Jahren die Firma und die Marken verkauft, an den Adressat meiner Bewerbung.

Dies nahm ich als Intro. Wenn der Mann Humor hatte, freute er sich drüber, wenn nicht, würden wir sowieso nicht zueinander passen.

„Sehr geehrter Herr P.,

ich habe beim Lesen Ihres Internetinserats geschmunzelt. Eine Ihrer Marken, und zwar „H. L.", kenne ich als Menschen, als langjährigen Leiter meiner Qualitätssicherung…."

Am Tag drauf kam die Lesebestätigung auf meine Bewerbung von gestern Abend um 6.48 Uhr.

Um 22.34 Uhr kam die Absage des Lebensmittelproduzenten:

„Sehr geehrter Herr Dr. J.,

vielen Dank für Ihre aussagekräftige Bewerbung.

Nach erster Durchsicht Ihrer Unterlagen möchte ich Ihnen mitteilen, dass ich mir für diese Position ein anderes Bewerberprofil vorstelle.

Ich wünsche Ihnen für Ihre berufliche Zukunft alles Gute.

Mit freundlichen Grüßen

A. P.

xxx GmbH & Co KG"

Das war schnell. Ich dachte nur, warum schreibst du dann nicht das andere Profil, das du dir vorstellst, in deine Anzeige, du Trottel. Ich hatte allen im Inserat aufgeführten Punkten entsprochen. Das hätte mir einige Mühe und dir ebenfalls Zeit gespart.

Zwei weitere nicht formulierte Absage-Gründe poppten wie meistens wieder in Gedanken hoch, meine mehr als 50 Jahre und der promovierte Ingenieur.

Ich hatte zu viele schwache Persönlichkeiten in meinem Berufsleben kennengelernt, die sich, als eben nicht promovierte, nie einen Dr. auf ihr Level oder in ihren Führungskreis holen würden. Sie fühlten sich allein durch den höheren akademischen Grad unterlegen. Dazu kam der stille

Wunsch, sich Herr Dr. nennen lassen zu können. Ja, die Männer hätten den Dr. Titel gern, ohne aber die dafür notwendige Arbeit zu leisten, die bei einer ingenieurwissenschaftlichen Promotion durchaus nennenswert und umfangreich ist.

Bei Frauen habe ich dieses Verhaltensmuster nie beobachtet.

Zwei Dinge bereiten bei jeder Absage Frustration, die Absage als solche und die immer wieder fehlenden Gründe, die dazu geführt haben. Da die spezifischen Absage-Gründe fehlen, fehlt die Gelegenheit, daraus zu lernen und sich für die nächste Bewerbung zu verbessern.

Dienstag, 5. Februar

Am Wochenende hatte ich 2 interessante Vakanzen rausgesucht, beides Geschäftsführungen mit stark operativem Bezug. Es las sich so, als ob ein gestandener Manager gesucht wurde.

Zweimal erstellte ich einen individuellen Brief und schickte 18.00 Uhr zweimal das ganze Package mit CV und Zeugnissen an die entsprechenden Personalberater.

Hier ist die erste.

Bewerbung 20: Geschäftsführer, Norddeutschland

Eine Unternehmensgruppe mit 2.500 Mitarbeitern suchte für eine 120 Mann Gesellschaft einen Geschäftsführer *„mit Restrukturierungserfahrung aus operativer Verantwortung und Gespür für optimale Prozesse.“*

Da fühlte ich mich angesprochen. Und im Norden geht fast alles.

Am Tag drauf erhielt ich eine Eingangsbestätigung, die mir für die Sichtung und Auswertung der eingehenden Bewerbungen ein Zeitfenster von zwei bis vier Wochen signalisierte.

Nachfrage 20, Dienstag, 19. Februar

„Sehr geehrter Herr Dr. J.,

vielen Dank für Ihre Bewerbung auf meine Ausschreibung „Geschäftsführer" mit der Kennziffer xxx.

Aufgrund der Vielzahl der eingegangenen interessanten Bewerbungen, zu denen auch die Ihre zählt, bitte ich Sie vorab um die schriftliche Beantwortung folgender Fragen, um Ihnen und mir im negativen Fall unnötigen Aufwand zu ersparen.

1. Sind Sie bereit, in die Nähe des Standortes meines Auftraggebers zu ziehen? Dieser befindet sich in Schleswig-Holstein (Ostseeküste)

2. Bei meinem Auftraggeber handelt es sich um einen mittelständischen „Mischkonzern". Am Standort, für den wir den Geschäftsführer suchen, werden Waffen, insbesondere Sportpistolen, produziert. Sollte das für Sie oder Ihr persönliches Umfeld ein Problem darstellen, so wäre die Weiterverfolgung der Bewerbung sicherlich nicht sinnvoll.

Gerne höre ich wieder von Ihnen.

Mit freundlichen Grüßen

M. B.

xxx & Partner GmbH"

Der Personalberater hatte mit seinen Fragen völlig Recht. Es wäre für alle Beteiligten Zeitverschwendung im Interview bezüglich dieser Punkte keine Übereinstimmung zu finden. Gern schrieb ich am Abend zurück:

„Sehr geehrter Herr B.,

ich bedanke mich für Ihre freundliche Mail und beantworte Ihre Fragen gern:

Zu 1.: Ich wäre bereit, nach Schleswig-Holstein in die Nähe des Standortes Ihres Auftraggebers umzuziehen.

Zu 2.: Die Frage nach der moralischen Vertretbarkeit seines Tuns, sollte sich jeder stellen, durchdenken und klar beantworten. Ich habe dies in meiner Berufstätigkeit immer wieder getan und möchte Ihnen meine Denkweise anhand von Beispielen aus meinem Leben verdeutlichen…

In Bezug auf die Sportwaffen Ihres Auftraggebers habe ich ebenfalls keine moralischen Bedenken.

Wie auch bei anderen potentiell gefährlichen Gegenständen tragen sich ungewollte oder unschöne Ereignisse durch nicht sach- oder zweckgemäßen Gebrauch zu. Gegen negative Vorsätzlichkeit ist sowieso niemand geschützt.

Herr B., bei dem „Tiefgang" der zweiten Frage war mir ein jugendliches „kein Problem" nicht angemessen genug.

Bitte verfolgen Sie meine Bewerbung weiter. Ich würde mich freuen, wenn wir uns zeitnah persönlich unterhalten.

Mit freundlichen Grüßen

Dr. Max. S. Justice"

Gesprächseinladung 20, Donnerstag, 21. Februar

Ich durfte mir an 2 Tagen ein Zeitfenster aussuchen, was ich gern tat. Bei dieser Personalberatung war auch das Thema Reisekostenerstattung kein unbekanntes. Nur diesmal war es für mich nicht relevant, da die Kandidaten nach Hannover eingeladen wurden.

Gespräch 20, Mittwoch, 27. Februar

Um 10.00 Uhr war ich zu dem Gespräch mit dem Personalberater B. in der Innenstadt verabredet. Die Geschäftsführung in Norddeutschland.

Es schneite und die Wagenwäsche gestern, morgen stand der TÜV bei meinem Ganzjahresauto an, hätte ich mir schenken können. Wir trafen uns im Hotel Luisenhof zwischen Hauptbahnhof und Oper, sehr zentral und eine der besten Adressen Hannovers, ein 5 Sterne Superior Haus. Ich war 10 Minuten vorher an der Rezeption und fragte nach dem Herrn. Die Dame lächelte, er stand direkt hinter mir.

Wir gingen gemeinsam zu dem Raum, den er für die Interviews gemietet hatte. Das Zimmer war groß mit einem riesigen Tisch und sechs Ledersesseln drum herum. Es sah mit seinem insgesamt plüschigen Ambiente eher nach einem Zimmer für Staatsmänner aus, als nach einem für Normalsterbliche. Man saß tief in den kleinen Ledersesseln und wir schauten uns aus drei Meter Abstand in die Augen.

Der Mann war Mitte 50 und führte ein klassisches Bewerbungsgespräch. Zunächst begann er mit umfassenden Informationen über das Unternehmen, dann präsentierte ich mich, gefolgt von einem gemeinsamer Abschlussdialog mit noch offenen Punkten und dem weiteren Vorgehen.

Es war das Unternehmen, welches Madame und ich geraten und gegoogelt hatten. Ein dramatischer Niedergang war erfolgt. Keine 10 Jahre zurück waren mehr als 500 Mitarbeiter am Standort beschäftigt gewesen. Aktuell waren es 160, wovon 40 noch auf out waren und nicht mehr da wären, wenn ich im Sommer anfangen würde. Es gab diverse Wechsel in der Geschäftsführung in den letzten Jahren. Im Moment wurde das Unternehmen von einem jungen Mann, 30 Jahre alt, geleitet, der dann aber auch wieder weg sollte, wenn der Neue gefunden war.

Der Berater, dieser Herr wurde dem positiven Namen wirklich gerecht, betonte, dass das Unternehmen an dem Standort dauerhaft an einer Größe um 100 Mitarbeiter festhalten wolle. Dieses Jahr war eine schwarze Null als Ergebnis geplant, letztes Jahr gab es ein siebenstelliges, rotes Ergebnis. Für die kommenden 1 – 3 Jahre werde ein Gewinn erwartet, bei jährlicher fünfprozentiger Umsatzsteigerung.

Der ganze Laden war in eine deutsche Holding mit drei Produktgruppen eingebunden. Die beiden deutschen geschäftsführenden Gesellschafter hatten die Produktgruppe Waffen vor Jahren dazugekauft, da sie beide ambitionierte Hobby-Jäger waren. Mein potentieller Chef als einer der drei Produktgruppenleiter wäre ein Israeli, der einen Standort in den USA erfolgreich saniert hatte und dort agierte, immerhin an der Ostküste, dann wären es nur 6 Stunden Zeitverschiebung.

Der Berater betonte die Stärken des Israeli, der schon so lange im Unternehmen war. Es sind schon über 8 Jahre. Das Wort lange ist eben zeitlich nicht definiert und viel liegt an der subjektiven Einschätzung des Wort-Benutzers.

Der Mann war in meinem Alter und Ingenieur, Maschinen-bauer, kein Excel-fixierter Finanzer, der weder die Produk-tionsprozesse, noch die Mitarbeiter versteht oder verstehen will. Zumindest habe ich zu viele Finanzer mit diesen Schwächen und arroganten Zügen kennengelernt.

Es gab wieder eine Art Matrixorganisation, das heißt einen disziplinarischen und einen fachlichen Vorgesetzten. Das kannte ich aus der Praxis zur Genüge. Unterm Strich hat die Matrixorganisation mehr Nachteile als Vorteile. Die Vor-teile werden meist nur von denen ausgelobt, die nicht in ihr arbeiten müssen oder sollen.

Die Hauptaufgabe an dem böse eingedampften Standort war, den Mitarbeitern Kraft, Motivation und Sicherheit zu geben. Eine Sicherheit, die der Geschäftsführer selber nicht bekam und Zeit, die er voraussichtlich ebenfalls nur wenig bekommen würde, alles mit einem Chef, der weit weg und wohl nur per Video oft da wäre.

Nach 2 Stunden intensiven Gesprächs verabschiedeten wir uns. Ich sagte zu, mich Anfang nächster Woche bei dem Berater zu melden.

Bereits auf der Fahrt nach Hause brodelte es in meinem Kopf. Alles klang nach völligem Harakiri, auch wenn die Vergütung attraktiv war. Eine schwere Entscheidung, ob ein Weitergehen richtig war.

Ich hatte alles hinreichend überdacht und mit Madame dis-kutiert. Wir waren zu dem Entschluss gekommen, es nicht zu tun.

Ich formulierte folgenden Brief an den Berater, den ich kommenden Sonntagabend wegschickte.

Eigen-Absage 20, Sonntag, 3. März

„Sehr geehrter Herr B.,

ich bedanke mich für unser letzten Mittwoch in freundlicher Atmosphäre geführtes professionelles Gespräch. Ich habe die Ihrerseits gegebenen Informationen ergänzt um weitere aus dem Internet analysiert. Das von R. C. an Sie gegebene Briefing für den Start des neuen Geschäftsführers in Eckernförde scheint mir aus Sicht der zentralen Aufgabe der Neu-Motivation der dort verbliebenen Mitarbeiter eher unglücklich zu sein. Dies würde ich anders gestalten wollen.

Unter der Annahme, dieses Briefing im Vorfeld nicht modifizieren zu können, möchte ich Sie bitten, mich als möglichen Kandidaten nicht mehr in Betracht zu ziehen.

Es würde mich sehr freuen, im Rahmen einer anderen Vakanz wieder von Ihnen zu hören. Bitte behalten Sie meine Daten gern gespeichert.

Mit freundlichen Grüßen

Dr. Max. S. Justice"

Es war mir wichtig eine Hintertür eingebaut zu haben, die den Berater vielleicht neugierig machen würde, wahrscheinlich nicht, wenn er genug präsentationswürdige andere Kandidaten fand.

Er hatte mir berichtet, 180 Bewerbungen bekommen zu haben. 25 Kandidaten hatte er positiv aussortiert. Davon hatten ihm 6 aufgrund der Waffenindustrie abgesagt, mit den anderen wollte er in der ersten Runde sprechen. Es schien mir zu viel, aber so waren seine Informationen.

Was ich in meiner Absage mit Hintertür nicht formulierte, waren meine Gedanken für einen möglichen Beginn eines neuen Geschäftsführers in der rote Zahlen schreibenden Kanonen-Bude.

Außerdem hatte ich mir Fotos von meinem potentiellen Chef, Initialen R. C., im Internet angesehen. Der Israeli oder Ami präsentierte sich stolz mit einem Sturmgewehr, quer mit beiden Armen fest gehalten vor der sportlichen Figur, gekleidet in Freizeit-Jagd-Outfit, keines der vollen blonden Kopfhaare länger als 4 mm, mit ernster Miene, sofort einsatzbereit, und sah so aus, nur drauf zu warten, loszuballern, aber nicht lange warten zu wollen.

Ich mag keine Army-Baller-Typen und werde es auch nie, zu viel Körper, zu wenig Hirn. Das ist nichts für mich.

Den Start direkt mit den beiden bodenständigen deutschen Gesellschaftern im Hintergrund hätte ich mir selbst in dieser Firma vorstellen können, agierend als vollständige eigene Unit.

Im Eingangsbereich des Werkes hätte ich ein Bekenntnis zu dem Standort unterschrieben von den Gesellschaftern, dem Betriebsrat und mir sichtbar gemacht.

Wenn das Unternehmen denn wirklich dauerhaft an dem Standort festhalten wollte, so war es mir dargestellt worden, könnte es den verbliebenen Mitarbeitern auch freiwillig und ohne Gegenleistung der Arbeitnehmerseite eine Beschäftigungssicherung und eine Standortsicherung über mindestens 5 Jahre geben.

Der junge Mann, der als interner Interim-Manager die Firma 1,5 Jahre geleitet hatte, hätte unbedingt als meine rechte Hand bleiben müssen, seine Akzeptanz bei der Belegschaft vorausgesetzt. Sonst würde wieder frisches Blut am Geschäftsführerstuhl kleben. Alle würden nur denken, da kommt der nächste für 200 – 400 Tage.

Die Wahrscheinlichkeit für die Richtigkeit meiner Annahme von Kurzlebigkeit hatte sich im Vorstellungsgespräch durch die Information erhöht, dass ein neuer Vertriebsmann schon an Bord sei und ein neuer Einkäufer demnächst starten würde. Zu viel neu auf einmal ist gefährlich, gerade für ein kleines Unternehmen.

Als Geschäftsführer würde ich mit einer Mitarbeiterbefragung, vielleicht gekoppelt an ein Gesundheitsmanagement, beginnen und konsequent die Themenfelder, die sich daraus verdichten lassen, vorantreiben. In einer wiederholten Befragung wären die motivatorischen Fortschritte messbar.

Vielleicht würde es auch ein altmodischer Mecker- oder besser Kummerkasten tun, in den jeder Mitarbeiter seine Anregung werfen dürfte, oder ein betriebliches Vorschlagwesen, wo jeder die Möglichkeit hat, aktiv an seinem Betrieb ideell mitzuarbeiten.

Die Botschaft an die Mitarbeiter musste authentisch sein und lauten wie in dem schönen Pop-Song: *„Ich bin gekommen um zu bleiben, ich geh' nicht wieder weg!"*

Für Vertrauensbildung braucht es einen langen Atem.

So viele gute Möglichkeiten, aber nicht mit dem Army-Baller-Typen im Rücken, der irgendwann losballert, von hinten. Und wenn es die einfache und elementare Tatsache war, dass der Mann Produktion zu seinem Standort in die USA abziehen konnte, ohne eine Chance der Gegenwehr. Dann passt kein Ergebnis mehr.

Aber solche Gedankengänge sind privat und die gibt es nicht gratis. Da brauchen junge Consulter nach einem 10.000.- € Screening Berge von Daten und ein 50.000.- €

Projekt über 4 Wochen und sie kriegen es trotzdem nicht raus.

So eine Situation beurteilt sich in ihrer Gesamtheit besser aus Erfahrung und Menschenkenntnis. Dies lernt man nicht an der Uni, die steckt nicht in einem Laptop und da hilft kein dunkler Anzug, sei er auch noch so teuer gewesen. Das kann niemand kaufen, das kann man nur erleben und damit erlernen.

Die Vorzeichen und Konstellationen schienen schlecht für die Firma in Norddeutschland zu stehen.

Montag, 29. April, diesen Morgen tauchte der mittelständische, metallverarbeitende Betrieb, mittlere Serien, 120 Mitarbeiter, in Norddeutschland wieder auf. Es war exakt das Gesuch, auf das ich mich am 5. Februar beworben hatte, von derselben Personalberatung.

180 Bewerbungen, 19 Erstrunden Interviews, das waren die Informationen des Beraters seiner Zeit gewesen, und keiner war für den Posten geeignet oder gewillt, es zu tun?

Die spezifische Wahrheit wäre hochinteressant. Der Bewerber erfährt sie nie.

Dienstag, 5. Februar.2013

Bewerbung 21: Technischer Geschäftsführer, NRW

Auch hier waren die Stichworte ähnlich: Unternehmensgruppe, mittelständische Strukturen, Metallverarbeitung, Verantwortung für 2 Werke, ggf. internationale Erweiterung.

Was das Unternehmen produzierte wurde nicht verraten, aber diese Position war noch interessanter.

Nach 20 Minuten klingelte das Mobil. Der zuständige Personalberater war dran. Der Mann wirkte sympathisch. Er lobte meinen Lebenslauf und bedauerte, mir mitteilen zu müssen, dass die Stelle seit gestern weg war.

Ich drückte meine Verwunderung darüber aus, denn das Inserat war letzten Samstag frisch gewesen. Korrekt, er bestätigte dies, es war frisch, aber manchmal würde das passieren, was dies auch immer heißen mochte. Einige Höflichkeiten, einen schönen Abend, ihnen auch.

Wieder eine neue Facette. Die Rekordabsage, Absage nach 20 Minuten.

Rekorde mag ich nur, wenn Produktionsanlagen einen Top Output gebracht haben, mindestens eine Schicht lang, noch lieber über längere Zeiträume. Ansonsten habe ich zu Rekorden ein zwiespältiges Verhältnis.

Der Rekord, das Besondere, das Einmalige, das Außergewöhnliche. Menschen lieben Rekorde, die Medien auch.

Denkt man an sportliche Höhepunkte schwingt mittlerweile die Frage mit, ob alles regelgerecht abgelaufen ist und keine verbotene Chemie, organisch oder anorganisch, Doping genannt, im Spiel war. Geht es um Geschwindigkeitsrekorde, mit welchem Gefährt auch immer, wird ein derartiger Rekord oftmals mit einem hohen Lebens-Risiko für den Rekord-Aspiranten erkauft oder aber eben nicht. Bei Flugshows und Rekord-Steil- oder Sturzflügen gibt es Lebens-Risiko für die Zuschauer, manchmal auch bei Autorennen, wie spektakulär.

Immer der Adrenalin-Kick, der versuchte Rekord eben. An die „durchschnittliche Spitzenleistung" haben sich zumindest die Medien und die Zuschauer schon gewöhnt.

Und ich hoffe als bekennender und praktizierender Freund der deutschen Sprache nie diesen Widerspruch der „durchschnittlichen Spitzenleistung" in einem Kommentar hören zu müssen.

Ich brauche keine Rekorde, schon gar nicht bei Absagen.

Abends lief im Fernsehen ein Bericht über Hochhäuser und die eingesetzten Baustoffe. Auch das höchste Bauwerk der Welt, der Burj Khalifa mit 828 m in Dubai war mit dabei. Wieder ein Rekord, getrieben von Eitelkeit und viel Geld. Möglich geworden durch das Wissen der Ingenieure und durch tausende ausländischer Billig-Gastarbeiter, die wie Sklaven leben, was von den Mächtigen gern verschwiegen wird.

Samstag 9. Februar

Bewerbung 22: Werkleiter, Hildesheim

Ich hatte eine frische Vakanz im World Wide Web gefunden, eine Werkleitung für einen 200 Mitarbeiter Betrieb, inhabergeführt mit einem 2. Standort in den neuen Bundesländern, die Produktion von Kunststoff-Halbzeugen. Auch wenn ich kein Kunststoff-Mann war, war meine Bewerbung ein Muss, denn das Werk war nur 50 km von Hannover entfernt. Endlich mal was vor der Haustür.

Außerdem kannte ich mich mit komplexen Werkzeugen aus, in der maßlichen Welt der 2. und 3. Nachkommastelle, wenn die Einheit Millimeter ist. Außerdem hatte ich lange als Technischer Leiter auch einen Werkzeugbau mit Konstruktion mitverantwortet.

Die gewünschte Qualifikation war in der Reihenfolge FH/TU/TH gestaffelt, ob bewusst oder zufällig. Als oftmals so unbeliebter Dr.-Ing. achtet man auf sowas.

Der Inhaber schien irgendwie speziell zu sein. Er traute dem E-Mail-Verkehr nicht und bat um die Zusendung der Bewerbungsunterlagen in Papierform:

„Da die Daten streng vertraulich behandelt werden, bitten wir, uns Ihre Unterlagen nur auf dem Postweg zuzuleiten."

Unabhängig davon, dass dieser Satz auch noch unvollständig war, denn es fehlte ein „darum" oder „Sie", spielte ich mit.

Einen handgeschriebenen Lebenslauf, der vor Jahren auch oft verlangt wurde, um aus der Schrift auf den Charakter des Bewerbers zu schließen, hätte ich verweigert.

Mal sehen. Letztendlich entscheidet sowieso die Chemie zwischen den Menschen über den Erfolg der Zusammenarbeit und nicht die reine Formalqualifikation.

Ich schickte an diesem Wochenende noch eine weitere Bewerbung auf den Weg, diese aber wieder elektronisch per Mail. Im direkten Vergleich merkt man die Zeit- und Briefmarkenersparnis am deutlichsten.

Absage 22, Mittwoch, 27. März

Per Post kam die Absage von Mister Konservativ, der eine Papier-Bewerbungsmappe hatte haben wollen. Man sieht Unterlagen an, wenn sie unangetastet und damit ungelesen sind. Es war offensichtlich noch nicht einmal zu einem Daumen-Kino gekommen.

Wieder stehst du als Bewerber da, mit dem dicken Frage-zeichen. Du kannst den Job, du hast ihn erfolgreich viele Jahre gemacht und das Gehalt hast du nicht mit reinge-schrieben, das konnte es also nicht sein. Was war es dann, wieder das Alter?

Und für den Dr. im Absage-Einzeiler hatte es auch nicht gereicht. Aber eingeklemmt war der Brief zu meinen Unter-lagen, wie unpassend.

Sonntag, 10. Februar

Ich schickte die vierte Bewerbung innerhalb von 6 Tagen weg. Das war gut. Wachte der Stellenmarkt wieder auf?

Bewerbung 23: Technischer Geschäftsführer, NRW

Ein Mittelständler, Metallverarbeitung, älter als 100 Jahre, in privatem Besitz, suchte einen neuen Technischen Ge-schäftsführer, der zusammen mit dem kaufmännischen die Geschicke der Firma leiten sollte. 125 Mitarbeiter in der Produktion war wenig, aber bei 80 % Exportanteil musste die Firma irgendeine Spezialität fertigen, die kaum einer konnte. Einen Unterbau in der Aufbauorganisation gab es auch, das las sich gut.

Es folgte eine automatische Eingangsbestätigung mit ei-nem Link zur Datenschutzerklärung und ohne den Nach-satz, nach x Wochen nicht mehr für die ausgeschriebene Position in Frage zu kommen.

Telefonat 23, Sonntag, 10. März

Wir waren gerade bei einem späten Frühstück als ich via Mobil die Einladung zu einem weiteren Vorstellungsgespräch kommenden Freitag in Hamburg bekam. 10.00 Uhr im Hotel Atlantic Kempinski, einem luxuriösen 5 Sterne Haus in herrlicher Lage an der Alster.

Wieso mieteten diese Personalberater für die Gespräche immer Zimmer in den teuersten Hotels, die man bei dem Interview eh nicht genießen kann. Oder konnten die Damen und Herren nur in mindestens 5 Sternen schlafen?

Meine Gesprächspartnerin war promovierte Erziehungswissenschaftlerin, die offensichtlich ihren gelernten Beruf nicht ausübte und seit 15 Jahren in der Personalberatung tätig war. Die Internetseite der Beratungsgesellschaft war hübsch gemacht. Alle Berater waren mit Foto und einem kurzen Porträt abgebildet. Über die Dame stand folgendes zu lesen:

„...Ihre Beratungsschwerpunkte liegen in den Bereichen Wirtschaftsprüfung, Steuern und Recht sowie Finanzen und Controlling. Am Standort Düsseldorf nimmt sie zudem Geschäftsführungsaufgaben wahr.

Sie geht regelmäßig in Konzerte und in die Oper. Ausstellungen besucht sie meist, kurz bevor sie geschlossen werden. Energie schöpft sie aus Begegnungen mit interessanten Menschen, langen Spaziergängen, einem klaren Sternenhimmel und klassischer Musik.“

Au ha, das klang nach ganz kleiner Schnittmenge zwischen ihr und mir. Außerdem ging es um eine technische Geschäftsführung und nichts aus ihrem üblichen Vermittlungsgebiet. Na gut, ich würde ja sehen.

Abends schrieb ich die Dame an, bestätigte unseren Gesprächstermin und klärte die ewig junge Frage nach den Fahrtkosten, die sich für diese Personalberatung als unkritisch herausstellten.

Gespräch 23, Freitag, 15. März

Gestern hatte ich das Vorstellungsgespräch intensiv vorbereitet.

Den ganzen Tag hatte es in Hannover leicht geschneit, bei Temperaturen unter Null. Die Webcams zeigten Hamburg in der Sonne mit wenig Schnee. Okay, ich kalkulierte 2 Stunden Fahrzeit für die gut 150 km morgen früh. Das sollte langen.

8.00 Uhr startete ich im durch die Standheizung vorgewärmten Auto, die Jacke und das Sakko lagen gleich auf der Rückbank. Die A7 war ungewöhnlich leer, sehr angenehm. Der Tempomat stand auf 130 km/h und es war ein absolut entspanntes Durchrollen auf dem kurzen Weg nach Hamburg. Nach 85 Minuten war ich am Hotel.

Für 5 Sterne Häuser ist es wohl ein Must Have einen Herrn mit Zylinder und Mantel vor dem Haupteingang stehen zu haben. Ich nahm sein Angebot, meinen Wagen in die Parkgarage zu fahren, nicht an und parkte selbst. Das ist mir, egal wo oder bei wem, immer noch am liebsten.

Der nächste Hotelbedienstete stand an der großen Drehtür am Haupteingang. Er war der Drehtür-Anschubser. Jedes Mal, wenn sich ein Gast näherte, ich achtete dennoch auf Blickkontakt mit ihm, schubste der Mann die Tür an. Danach war man in der eindrucksvollen großen Empfangshalle mit zahlreichen Glastischen, Ledersesseln und kleinen Ledersofas. Alles war sehr gediegen.

Die Renovierungsarbeiten waren nach 6 Jahren erst vor kurzem abgeschlossen worden, wie mir meine Gesprächspartnerin, die das Hotel schon lange kannte, später im Warm Up berichtete. Nachmittags würde der große, offene Kamin angefeuert und gestern Abend hätte sie noch Udo Lindenberg Zigarre rauchend hier getroffen.

Über dem Kamin schaute streng Kaiser Wilhelm, in Öl und überlebensgroß, auf die lebendigen Menschen in der Lobby herab. Die Personalberaterin und ich setzten uns in die Nähe des Kaisers. Sie wollte gern den Platz auf dem kleinen Ledersofa, ich setzte mich über Eck in einen Sessel. Passend zu dem plüschigen Ambiente waren die Sitzgelegenheiten sehr weich ausgelegt, was der Dame eine gewisse Mühe mit ihrem Rock einbrachte, den sie in kurzen Intervallen in Richtung Glastisch bzw. ihrer Knie zog.

Sie war eine leise, sehr gepflegte, attraktive Frau in meinem Alter. Das Bild auf der Internetseite ihres Unternehmens wurde ihr nicht gerecht. Sie ging anders vor, als der Berater vor 2 Wochen. Ich durfte beginnen, präsentierte mich 1 Stunde, unterstützt von meinem Handout mit CV und Soft Skills. Insbesondere bei meinem Chart mit der Überschrift Werte waren wir menschlich eng beieinander. Das gefiel ihr sehr gut.

Alles, was sie danach über das mittelständische Unternehmen vortrug, klang vielversprechend.

Es wurden Sägeblätter produziert, mit Hartmetall bestückte und Bimetall-Sägeblätter. Zu den 125 Mitarbeitern der Produktion kamen 45 in Verkauf, Kundendienst und Verwaltung. Die Aufbauorganisation war vernünftig. Die Firma hatte zu ihren 20.000 m² Betriebsgelände noch Freifläche für eine Expansion dazugekauft. Und der Gesellschafter, der einzige, war ein Dr.-Ing..

Der Unternehmensstandort war Remscheid, eine Stadt, die ich aus meiner Zeit als wissenschaftlicher Mitarbeiter der Universität Hannover kannte, wo ich oft bei Kooperationsfirmen gewesen war.

Sie hatte 250 Bewerbungen auf diese Co-Geschäftsführung bekommen, von hochkarätigen Bewerbern, wie sie betonte. Wir sprachen knapp 2 Stunden in sehr angenehmer Atmosphäre.

Remscheid war als Stadt nicht gerade mein Traum, dennoch wäre es schön, in die zweite Runde zu kommen. So gingen wir auseinander.

Vor Ostern würde mir die Dame Bescheid geben.

Absage 23, Mittwoch, 27. März

Meine Gesprächspartnerin aus Hamburg hielt Wort. An diesem Mittwoch vor Ostern kurz nach 11.00 Uhr rief sie mich an. Leider mit dem Resultat einer Absage.

Ein Mann aus der Branche, ein Insider, hatte gestern seinen Vertrag unterschrieben.

Die Beraterin wirkte irgendwie selbstgefällig, ich müsste das doch verstehen, als ob ich ihr jetzt noch zujubeln sollte. Es war mir völlig klar, einen Branchenkenner nicht matchen zu können. Das bedurfte keiner weiteren Worte mehr.

Ich wollte natürlich nach unserem positiven, persönlichen Gespräch bei der Dame in Erinnerung bleiben. Sie möge mich doch bei einer neuen Vakanz kontaktieren.

Sie lehnte dies kategorisch ab. Ich dürfte aber gern auf ihrer Homepage schauen. Nein, in Datenbanken nach Kandidaten suchen, das machten sie nicht, ich dürfte mich wieder bewerben.

Mein Eindruck von ihr verfestigte sich nochmal. Den Kandidaten der keiner mehr ist, da ein anderer vermittelt wurde, den brauchte sie nicht mehr, der ist nichts wert.

So schnell wechseln die Haltungen. Sehr bedenklich und fragwürdig, denn sie lebte von Leuten wie mir, den Kandidaten, für deren Weiterleitung sie bis zu einem halben Jahresgehalt, ggf. auch mehr, bekam. Schnell und leicht gemachtes Geld.

Absage 23, Donnerstag, 11. April

Was ich bereits am Telefon vor 2 Wochen erfahren hatte, kam jetzt nochmal in aller Form schriftlich, wie es sich für einen seriösen Personalberater gehört.

Montag, 18. Februar

Abends formulierte ich noch 2 Bewerbungen der anderen Art. Schande, ich bewarb mich zweimal als Personalberater und war völlig neugierig, ob die Suchenden sich jemand wie mich in ihren Reihen vorstellen konnten.

Ich hatte in den letzten Jahren einige Ingenieure für Projekte und als Führungskräfte eingestellt und nie einen Flop erlebt. Es brauchte nicht viel Zeit, um im Vorfeld aus den Bewerbungsunterlagen die potentiell interessanten Kandidaten und die für die offene Position nicht in Frage kommenden Bewerber herauszufiltern. Teilweise verzichtete ich bewusst auf eine Vorauswahl der Bewerbungen durch die Personalabteilung, um zu sehen wie die eigene, selbst in der Öffentlichkeit auftretende Firma als potentieller Arbeitgeber wahrgenommen wurde, zu sehen, wer sich alles bewarb, sinnbildlich den ganzen ungefilterten Bewerbungs-stapel zu sichten, sei es Papier oder Dateien.

Personalentscheidungen waren und sind bei mir Chef-Sache, denn das ist das A und O für das Unternehmen. Die Menschen in dem Unternehmen, die Mitarbeiter, ob Ge-schäftsführer oder Staplerfahrer, sind das lebendige Unter-nehmen.

Mir war in den von mir für die Arbeitgeberseite geführten Gesprächen am wichtigsten, was für ein Mensch vor mir saß, was für ein Typ, was ihn bewegte, zu einem Unter-nehmenswechsel, was ihm was bedeutete, auch privat, wenn er darüber sprechen mochte.

Für die fachlichen Inhalte gab es die Zeugnisse, bzw. in speziellen Fällen Fragen des Abteilungsleiters, des zukünf-tigen direkten Vorgesetzten.

Ich traute mir das zu, es vernünftig zu tun, ausgehend von vielen Jahren Industrieerfahrung und Menschenkenntnis.

Die erste Beratungsgesellschaft war eine ganz renommier-te, die mich selbst vor vielen Jahren in meine Ex-Firma ge-bracht hatte, mit der Firma, mit der ich jetzt vor Gericht lag, aber dies ist ja der Inhalt des Buches „Manager Attentat".

Ich war gespannt.

Bewerbung 24: Personalberater, Frankfurt

Meine Stichworte aus der Anzeige, die noch klassisch in klar erkennbarer Größe in der Samstags F.A.Z. abgedruckt war, waren *„erfolgreich auf verschiedenen Ebenen präsen-tiert und verhandelt...Menschen geführt, motiviert und ent-wickelt...ein gutes Händchen bei der Auswahl ihrer Mitar-*

beiter gehabt...Stärken in der Kommunikation und in der konsequenten Verfolgung von Zielen"

Bingo, das geht. Es gab eine einzige weitere Anforderung, die ich nicht erfüllte. Das war eine *„vertriebsnahe oder beratungsnahe Position."*

Ich dachte, auch für einen Personalberater gilt, du bist nur gut, hilfreich für deine Auftraggeber und damit erfolgreich, wenn du es schaffst, mit unterschiedlichen Menschen in den Austausch, in den Dialog zu kommen, und zwar schnell und souverän. Hier wollte ich meine Erfahrung betonen:

„...Ich bin es gewohnt, mich mit der Sprache und im Auftreten auf die Ebene meiner jeweiligen Gesprächspartner einzustellen, damit der Dialog gelingt. Das Spektrum der letzten Jahre erstreckte sich vom Vorstand des eigenen Unternehmens, über Geschäftsführer von Großkunden, Auditoren, Berater, Behördenmitarbeiter, IG-Metall, sowie die Arbeitnehmervertretung und Werker wieder des eigenen Unternehmens.

Beim Rekrutieren neuer Mitarbeiter stand für mich deren Persönlichkeit und Charakter im Vordergrund. Dies hat sich als richtig erwiesen...."

An dem Werker und dem Betriebsrat, quasi als ein aus der Arbeit herausgewählter Werker, hatte die Personalberatung sicher kein Interesse.

Außerdem las sich die Ausschreibung nach einem Lebensalter von maximal 35 bis 40, vielleicht sogar jünger, was, wie immer, aus gesetzlichen Gründen, nicht explizit mit dabei stand.

Was nützen die Gesetze, wenn diese zwar richtig und sinnvoll sind, aber so in der Praxis nicht gelebt werden, dass es, wie in diesem Falle, dem älteren, wahrscheinlich nicht gewünschten Bewerber nur die Zeit und Energie stahl.

Politiker könnten jetzt, wenn der öffentliche Druck, oder der der Medien hoch genug wäre, nach einer langen Debatte, auf die Idee von Ausschüssen, Arbeitsgruppen, Untersuchungskommissionen und nach Jahren zu einer Quotenregelung und eines Zertifikatshandels kommen, Ingenieure nicht.

Wenn man eine Lösung im Sinne einer Verbesserung will, darf man nicht den Zug ins zeitliche Nirgendwo besteigen.

Eingangsbestätigung 24, Dienstag, 19. Februar

„Sehr geehrter Herr Dr. J.,

hiermit bestätigen wir Ihnen den Erhalt Ihrer Bewerbungsunterlagen.

Wir werden nun Ihre faktischen Voraussetzungen und Erwartungen mit dem Anforderungsprofil unseres Klienten vergleichen und prüfen, ob die Basis für ein persönliches Gespräch vorhanden ist.

Über das Ergebnis dieser vergleichenden Analyse werden wir Sie so schnell wie möglich informieren. Bitte haben Sie noch etwas Geduld.

Ihre Einwilligung vorausgesetzt, werden wir Ihre persönlichen Daten speichern, um den zukünftigen Kontakt – auch über diese Suche hinaus – mit Ihnen zu optimieren.

Mit freundlichen Grüßen

G. B.

xxx Unternehmensberatung"

Und die Hände waren schneller als der Kopf gewesen.

Dies war die falsche Standardantwort, denn die Beratungs-gesellschaft suchte diesmal für sich selbst.

Nach 4 Minuten kam diese Mail mit dem Zusatz im Betreff die erste Mail zu ignorieren, da es ein Versehen war.

„Sehr geehrter Herr Dr. J.,

vielen Dank für die Übersendung Ihrer Unterlagen und für das uns damit entgegengebrachte Vertrauen.

Wie Sie wissen, werden nun Ihre faktischen Voraussetzungen und Erwartungen mit unserem Anforderungsprofil verglichen und geprüft, ob die Basis für ein persönliches Gespräch vorhanden ist.

Über das Ergebnis dieser vergleichenden Analyse werden wir Sie so schnell wie möglich informieren. Bitte haben Sie noch etwas Geduld.

Ihre Einwilligung vorausgesetzt, werden wir Ihre persönlichen Daten speichern, um den zukünftigen Kontakt – auch über diese Suche hinaus – mit Ihnen zu optimieren.

Mit freundlichen Grüßen

G. B.

xxx Unternehmensberatung"

Das war der passende Text.

Absage 24, Freitag, 8. März

„Sehr geehrter Herr Dr. J.,

Sie wissen aus unserem ersten Brief, dass zur Bewertung der Basis für ein persönliches Kennen lernen Ihre faktischen Voraussetzungen und Erwartungen mit dem Anforderungsprofil unseres Hauses verglichen wurden.

Nach dem Ergebnis dieser Vergleichsanalyse möchten wir uns nur noch auf eine sehr kleine Anzahl von Kandidaten konzentrieren. Mit diesen möchten wir die abschließenden Verhandlungen führen, da sie dem Anforderungsprofil der Position noch näher kommen. Daher erhalten Sie die uns überlassenen Unterlagen zu unserer Entlastung zurück.

Für Ihr Interesse und Ihre Mühe recht herzlich dankend verbleiben wir

mit freundlichen Grüßen

R. R.

-Sekretariat-

xxx Unternehmensberatung"

Wo bitte waren die von mir elektronisch übermittelten Unterlagen? Es waren keine Anhänge dabei. Dies wäre ja auch völlig sinnlos gewesen.

Auch dieser Standard-Absagetext passte nicht mehr in die heutige Zeit. Es gab keinen ersten Brief und es gab keine Unterlagen zurück. Korrekt und erfreulich wäre die Information über die Löschung meiner persönlichen Daten gewesen.

Montag, 18. Februar

Bewerbung 25: Personalberater, Bad Salzuffeln

Die zweite kleinere Personalberatung hatte mich mit ihrem Inserat geradezu provoziert:

„Mit 50+ in die Selbstständigkeit als Personalberater m/w

Bei entsprechender Qualifikation auch jünger

Wir setzen unser Wachstum fort und suchen gestandene Manager, die sich nach Studium und erfolgreicher Indust-rie-Karriere (Vertrieb und/oder Technologie) neu orientieren wollen und eine begeisternde Herausforderung sowie un-ternehmerische Freiheit als selbstständige Partner suchen.
...“

Ich kannte diesen Personalberater nicht, fragte mich, ob letztendlich nur Netzwerke und Adressen mit den Kandida-ten mit-akquiriert werden sollten. Dennoch schrieb ich an den Geschäftsführer. Ich hatte nichts zu verlieren und konnte mir die Arbeit in seriöser Form vorstellen.

„Sehr geehrter Herr P.,

ich habe beim Lesen Ihres Inserats geschmunzelt, denn es ist etwas Besonderes, mit 50+ zur gewünschten Zielgruppe zu gehören.

Da ich in einer Phase der beruflichen Neuausrichtung bin und ein erfahrener, kommunikationsstarker, technischer Manager eine sinnvolle Ergänzung für das ...-Team sein kann, bewerbe ich mich hiermit bei Ihnen als Personalbera-ter......

Mit freundlichen Grüßen

Dr. Max. S. Justice"

Absage 25, Montag, 11. März

Auch das zweite unbekanntere Personalberatungsunternehmen, bei dem ich meine Mitarbeit angeboten hatte, sagte mir ab. Ich war immer noch überzeugt davon, mit meiner Industrie-Erfahrung mir leicht ein Bild von der zu besetzenden Vakanz und dem dafür passenden idealen Kandidaten machen zu können.

Menschenkenntnis aus der harten Praxis ist ein Trumpf den ein Psychologe oder Soziologe nicht hat.

Außerdem hätte ich massiv die Kosten der Personalakquise gesenkt. Bei mir hätte es auch ein 4 Sterne Hotel getan.

Beide Personalberatungsunternehmen hatten ihre Gesuche am Wochenende frisch wieder inseriert. Waren alle Bewerber-Zuschriften so schlecht gewesen, wollten sie mit den Kandidaten nur Adressen-Netzwerke kaufen oder wollten sie nur auf sich aufmerksam machen? Und wie immer gab es keine Arbeit für Bewerber. Die wahre Antwort wird nie an das Tageslicht kommen.

Ich war etwas froh, nicht als Personalberater zu enden.

Montag, 4. März

2 Vorteile waren hier offensichtlich. Das Unternehmen war in der Nähe und es suchte selbst, ohne eine Personalvermittlung.

Auch im Internet war nichts Konkretes gratis über die Größe des Unternehmens der Lebensmittelindustrie herauszubekommen. Es produzierte in 3 Werken, 2 in Deutschland, 1 in Frankreich. Französischkenntnisse waren von Vorteil, klar. Allein das konnte mich rauskegeln.

Ein Satz in der Ausschreibung irritierte mich:

„Im Rahmen der Nachfolge hat die nun sechste geschäftsführende Generation der Eigentümerfamilie das feste Ziel, die Marktstellung des Unternehmensverbundes ehrgeizig und dynamisch strukturierend weiter auszubauen."

Wieso suchten sie dann einen externen Geschäftsführer, der *„die gesamte Belegschaft durch sein Vorbild motiviert und führt"*?

Ich schrieb hin und versuchte meine Kontakte zu den Kunden der Lebensmittelindustrie meiner Ex-Firma positiv zu spielen.

2 Tage später bekam ich eine Eingangsbestätigung, die dem Bewerber Wartezeit aufgrund vieler Bewerber und gründlicher Prüfung signalisierte.

Nach 5 Monaten schickte ich eine Nachfrage auf die Reise. Die Zeit sollte ja nun wohl ausgereicht haben.

Am nächsten Tag kam daraufhin die Absage. Auch wenn es inhaltlich ein Mist war, denn es wollte wieder einmal niemand zugeben, etwas vergessen zu haben, hatte ich dem Personalreferenten noch eine Antwort abtrotzen können.

Auch aus dieser Kandidatensuche schien wohl kein neuer Arbeitsvertrag herausgekommen zu sein, denn ich sah die Ausschreibung unverändert später nochmal.

Mittwoch 27. März

Bewerbung 27: Präsident Hochschule, Hamburg

Wieder was anderes, wieder eine Ausschreibung mit quasi keiner Chance für mich. Ich bewarb mich dennoch mit einem neu gestalteten, zeitaufwendigen Anschreiben, da ich mich durchaus in dem Anforderungsprofil wiedererkennen konnte, gemäß der alten Weisheit, er hatte keine Chance, aber er nutzte sie.

Ich war über die Mitarbeiterzahlen der Hochschule erstaunt, allein 372 Professoren und 400 Lehrbeauftragte, dazu nochmal 632 andere Beschäftigte, in Summe 1404 Mitarbeiter für nur 15.000 Studenten. Das klang nach geradezu individuellem Lehrbetrieb.

Wahrscheinlich würde der interne oder externe Wunschkandidat längst feststehen und die öffentliche Ausschreibung war eine reine Pflichtübung.

Die Eingangsbestätigung kam prompt. Was mir sehr gut gefiel, war das Timing, das dem Bewerber mitgeteilt wurde.

„...Unabhängig von der Entscheidung der Findungskommission möchte ich Sie bereits heute vorsorglich darüber

informieren, dass für Gespräche mit der Findungskommis-
sion die 17. und 18. Kalenderwoche 2013 vorgesehen sind.
Wir kommen hierzu im Laufe der 15. Kalenderwoche auf
Sie zu...."

Ich dachte an eine mögliche Vorstellungsrede, zu der ich große Lust gehabt hätte. In der Ausschreibung waren die kulturelle Vielfalt und deren Unterschiede betont worden.

In Gedanken hatte ich einige Stichpunkte vorformuliert:

- Vielfalt ja, Toleranz ja, entscheidend, die eigene Freiheit hört da auf, wo die des anderen anfängt.
- Und für alle Gast-Kulturen, es gelten unumstößlich die Gesetze des Landes, dieses Landes.
- Blutrache und andere Praktiken sind hier strafbar, Diebstahl ist ebenfalls strafbar.
- Es gibt eine Schulpflicht, aus gutem Grund, das gilt für alle, auch für die Gast-Kulturen.

Wer daran erinnert, es ist schlimm genug, dass es notwendig ist, ist nicht ausländerfeindlich, sondern im Gegenteil bestrebt, den Gastkulturen gegenüber einen positiven Beitrag zu ihrer Integration zu leisten.

Als Sportler weiß man doch, Spielregeln gelten immer für alle Spieler, alle Menschen, auf dem Platz, in dem Land. Und die Gesetze sind die Spielregeln eines Staates.

Absage 27, Samstag, 20. April

Nachmittags lag ein konservativer Brief mit einer höflichen Absage im Briefkasten.

Die Hochschule war professioneller als viele vermeintlichen Profis von Personalvermittlungen gewesen. Das galt auch, wenn aus der angekündigten 15. Woche die 16. geworden war.

Dass meine Chance hier quasi Null gewesen war, hatte ich vorher gewusst. Aber, wie gesagt, Versuch macht klug, zumindest manchmal.

Montag, 1. April

1. April und Ostermontag

Bewerbung 28: Werkleiter, Niedersachsen

Ein ursprünglich holländischer Lebensmittelhersteller, der sich auf Bio Produkte spezialisiert hatte, suchte einen Werkleiter. Es gab wenig präzise Angaben und es las sich klein. Auch ein Anforderungsprofil war nicht genau spezifiziert.

Im Internet war ich schnell auf einer Seite, die fast nach einem lustigen Gruppenbild vor einem Hofladen aussah, alles sehr merkwürdig.

Nach 14 Jahren in der Zulieferindustrie war ich mit den Standards der Lebensmittelindustrie bestens vertraut und es war zumindest formal das von mir bereits vor Jahren erreichte Werkleiter-Level, das hier besetzt werden sollte.

Außerdem galt: in Niedersachsen wird sich beworben, auch wenn ich hoffnungslos überqualifiziert schien.

Absage 28, Freitag, 12. April

Ostermontag hatte ich diese Bewerbung in die niedersächsische Provinz abgeschickt und bis zu diesem Freitag 2 Wochen nichts gehört, noch nicht einmal eine Eingangsbestätigung bekommen, die es zu ca. 90% gab.

98

Dann kamen gleich 2 Mails, zuerst eine Absage und eine Viertelstunde später die Lesebestätigung meiner Bewerbung, die den blumigen Universal-Absage-Text absurd werden ließ.

Die 1.:

„Betreff: Manchmal erreicht man das Ziel nicht beim ersten Anlauf...

Sehr geehrter Herr J.,

wir möchten uns noch einmal herzlich für Ihre Bewerbung und das Interesse an einer Zusammenarbeit mit unserem Unternehmen bedanken. Leider müssen wir Ihnen mitteilen, dass wir uns für eine andere Kandidatin bzw. einen anderen Kandidaten entschieden haben. Wir hoffen, dass Sie nicht allzu enttäuscht sind. Aber wie in einer Kandidatenrunde üblich, wird das Für und Wider der Bewerberinnen bzw. Bewerber sehr kritisch im Hinblick auf die zu besetzende Position diskutiert, und alle hoffen letztendlich, die richtige Kandidatin bzw. den richtigen Kandidaten für die Vakanz gefunden zu haben.

Die Tatsache, dass wir uns nicht für Sie entschieden haben, bedeutet kein Werturteil über Ihre Qualifikation. Bitte haben Sie Verständnis dafür, dass es oft nur Nuancen sind, die den Ausschlag geben.

Wir hoffen, dass Sie die xxx Deutschland GmbH trotz dieser Absage in positiver Erinnerung behalten.

Wir wünschen Ihnen für Ihre berufliche Zukunft alles Gute und viel Erfolg!

With kind regards / mit freundlichen Grüßen

- Bewerbermanagement -

xxx Deutschland GmbH

Bitte nehmen Sie Rücksicht auf die Umwelt... müssen Sie diese E-Mail wirklich ausdrucken?"

Und die 2.:

„Ihre Nachricht

An: xxxDE Jobs

Betreff: Werkleiter, Kennziffer 101

Gesendet: Montag, 1. April 2013 11:34:47 (UTC+01:00) Amsterdam, Berlin, Bern, Rom, Stockholm, Wien

wurde am Freitag, 12. April 2013 14:40:12 (UTC+01:00) Amsterdam, Berlin, Bern, Rom, Stockholm, Wien gelesen."

Allein der Betreff war schon goldig.

Der oder die Mail-Schreiber oder Mail-Schreiberin wusste wohl auch gar nicht so genau, wer denn nun den Arbeitsvertrag bekommen hatte, ob Männlein oder Weiblein. Aber so passte der Standardbrief eben immer.

Wahrscheinlich war die Bedeutung eines Bewerbungsprozesses für das suchende Unternehmen und wechselwillige Kandidaten, wovon einer benötigt wurde, ebenfalls nicht klar.

Man fühlt sich als Bewerber, der vorher nachdenkt, ob er sich auf eine Ausschreibung bewirbt oder nicht, geradezu verkaspert, wenn man so einen naiven Mist sieht und erkennen muss, dass niemand sich seine Bewerbung auch nur angeguckt hat.

Wenn diese Personal-Leute Bewerbungen beurteilten, ohne sie zu prüfen oder zu lesen, nach welchen Kriterien wurden dann Kandidaten ausgewählt und zum Interview eingeladen?

Ging es nach dem Anfangsbuchstaben des Nachnamens oder waren promovierte erst mal gleich ausgelistet?

Wenn das ganze Unternehmen so schlecht arbeiten würde, wäre das nichts für mich gewesen. Das wäre mir zu unprofessionell.

Auf Bewerber wurde keine Rücksicht genommen. Da hatte man in dem Nachsatz der Mail nur die Umwelt im Blick, wie chic und modern, geradezu nachhaltig.

Diese schwachsinnige Mail brauchte ich wirklich nicht auszudrucken.

Um das Bild abzurunden, hier nur ein kleiner Auszug von der deutschen Homepage des Unternehmens. Anspruch und Wirklichkeit waren nicht in Einklang.

„Information für Deutschland

Im Verhaltenskodex ist festgelegt, wie wir arbeiten, auf welche Unternehmenswerte es uns ankommt und welche geschäftlichen Umgangsformen zulässig beziehungsweise unzulässig sind. Er sorgt sowohl für ein angenehmes und sicheres Arbeitsumfeld als auch für eine gesellschaftlich vertretbare und nachhaltige Unternehmensführung.

Eine gute Whistleblower-Policy ist ebenso wichtig. Sie wurde so entwickelt, dass alle Mitarbeiter Vermutungen über Missstände innerhalb unseres Unternehmens auf eine sichere Art melden können. Sie dient nicht nur als Schutz der

Geschäftsinteressen von xxx, sondern auch Ihrem persön-
lichen Schutz als Teil des Unternehmens."

Im gesamten als Download öffentlich verfügbaren Verhaltenskodex kam es noch dicker:

„Der Kodex steuert konzernweit Entscheidungen und Maß-
nahmen. Er betrifft einerseits das Vorgehen der Gesamt-
gruppe und andererseits das Verhalten der Mitarbeiter im
Rahmen ihrer Tätigkeit bei xxx. Allerdings sind die hier
formulierten Regeln nicht erschöpfend; sie stellen lediglich
verhaltensrelevante Mindestanforderungen dar."

Mindestanforderungen, wie schön, das wünscht sich auch
der Bewerber, selbst der ungelesen abgelehnte.

Donnerstag, 18. April

Geradezu den Charakter eines „Fundstückes" hatte die
nachfolgende Mail der Personalberatung, die Freunde der
unpersönlichen, automatisch generierten, immer gleichen
Bewerbungs-Antworten und des Nicht-Erstattens von Reisekosten waren, Bewerbungen 13 und 18, beworben 27.
November und 9. Januar.

„Sehr geehrte Bewerberin,

Sehr geehrter Bewerber,

Sie haben kürzlich unseren Service kennen gelernt. Um die
Qualität unserer Dienstleistungen stetig zu verbessern, ist
uns Ihre Meinung wichtig. Daher wären wir Ihnen sehr
dankbar, wenn Sie sich einige Minuten Zeit nehmen wür-

den, unseren Fragebogen auszufüllen. Der Fragebogen ist in deutscher und englischer Sprache verfügbar.

Bitte klicken Sie hier, um mit der Umfrage zu beginnen.

Falls sich der Link beim Anklicken nicht öffnen sollte, kopieren Sie bitte den folgenden Link und fügen ihn in das Adressfeld Ihres Internet Browsers ein:

https://www.xxx.se/a/s.aspx?s=105157X11656902X13226

Als Dankeschön für Ihre Teilnahme an der Umfrage schenken wir Ihnen einen Gutschein für ein Fitness & Wellness Wochenende für 2 Personen. Am Ende der Umfrage wartet Ihr persönlicher Gutschein zum Download auf Sie.

Für jeden beantworteten Fragebogen spendet xxx 1EUR an die "Aktion Mensch". Die Aktion Mensch verfolgt das Ziel, die Lebenssituation von Menschen mit Behinderung sowie von Kindern und Jugendlichen nachhaltig zu verbessern. Jeden Monat unterstützt die Aktion Mensch über 500 soziale Projekte und ist damit die größte private Förderorganisation in Deutschland.

Mehr Informationen unter www.aktion-mensch.de (Verlinkung Aktion Mensch Portalseite).

Mit freundlichen Grüßen

G. B.

Managing Director Germany

xxx"

Nein Danke!

Auf Ausschreibungen von dieser Vermittlung wollte ich nach Möglichkeit überhaupt nicht mehr schreiben bzw. mailen.

Den angesprochenen Service dieser durchaus bekannten Agentur hatte ich in den letzten 6 Monaten zweimal kennen gelernt.

Zur Aktion Mensch erinnerte ich mich an eine Meldung im Fernsehen aus dem letzten Jahr, dass sie einer Dame, die als Werbeträgerin, als Botschafterin, engagiert war, für ihre zeitlich kurzen Bemühungen 450.000.- €/a bezahlten.

Ich würde mich glatt für weniger für einen guten Zweck einsetzen und das auch noch Vollzeit.

Samstag, 20. April

8.15 Uhr, 2 Bewerbungen

Bewerbung 30: Technischer Leiter, Berlin

Der Technische Leiter war der Werkleiter mit 300 Mitarbeitern. Die Stelle passte, ein klassisches Werkleiter-Anforderungsprofil. Eine als *„wünschenswert"* bezeichnete Anforderung erfüllte ich nicht, sonst konnte ich alles vorweisen.

Ich schmunzelte über einen Punkt der 5 aufgeführten Werkleiter-Aufgaben:

„Sie führen die Mitarbeiter des Werkes zu gemeinsamen Engagement durch Vorbild und Mitarbeitergespräche, fördern die abteilungsübergreifende Teamarbeit und berichten

direkt an die Geschäftsführung. Ihnen zur Seite steht ein erfahrenes und motiviertes Team."

Die Berichtslinie gehörte nun gar nicht in diesen Punkt hinein.

Die Vorstellung mit 300 Mitarbeitern persönlich formalisierte Gespräche zu führen, in der Qualität in der ich sie kannte und regelmäßig mit meinen Direct Reports führte, am besten 2 mal jährlich, würden jeden Werkleiter zeitlich tot machen. Das wären rund 600 Stunden pro Jahr nur Mitarbeitergespräche.

Sicher war das nicht so gemeint, obwohl es so geschrieben war.

Nur 10 Minuten später kam per Automatismus die Antwort.

„Vielen Dank für Ihre E-Mail und Ihr Interesse an unserem Unternehmen.

Wir werden uns umgehend mit Ihnen in Verbindung setzen. Sollten wir uns in den nächsten 8 Wochen nicht bei Ihnen melden, können wir Ihre Bewerbung im Hinblick auf die zu besetzende Stelle leider nicht berücksichtigen "

Die Personalvermittlung setzte sich also eine 8 Wochen-Bearbeitungsfrist.

<u>Absage 30, Freitag, 21. Juni</u>

„Sehr geehrter Herr Dr. J.,

für Ihr Interesse an der Position „Technischer Leiter" bedanken wir uns - auch im Namen unseres Klienten – noch einmal recht herzlich.

Leider müssen wir Ihnen mitteilen, dass andere Bewerber dem Anforderungsprofil noch näher kamen und es keinen weiteren Verlauf für diese Position geben kann. ..."

Immer wieder wunderte ich mich über die benutzten Formulierungen: *„Keinen weiteren Verlauf für diese Position"* hatte ich auch noch nicht gelesen.

Samstag, 20. April

Und Bewerbung Nummer 2 für diesen Samstagmorgen.

<u>Bewerbung 31: Werkleiter</u>

Ein Werkleiter wurde gesucht, in und von einem global führenden Unternehmen, bzw. von einer unbekannten Personalberatung.

Über dem Suchtitel Werkleiter stand, ebenfalls in fettgedruckter Schrift, die Buchstaben nur geringfügig kleiner, *„Chance auch für die 2te Reihe"*, was das auch für eine Reihe war, eine Reihe von Abteilungs- oder Betriebsleitern wahrscheinlich, die gewillt war, durch einen Unternehmenswechsel aufzusteigen.

Hieß das schon eine verklausulierte Lebensalterbegrenzung bei maximal 40 oder gar jünger?

Wenigstens war die Anzeige rein optisch gut strukturiert, in 4 Blöcke, Unternehmen, Qualifikation, Perspektiven und Aufgaben, dafür waren weder die Werksgröße, der Standort, noch nicht einmal das Bundesland mit enthalten.

„Qualifikation

Wir suchen den Kontakt zu technisch affinen Persönlichkeiten, die nach dem Abschluss ihrer akademischen Ausbildung (Maschinenbau, Wirtschaftsingenieur, Fertigung, Logistik o.ä.) bereits berufliche Erfahrungen im Produktionsumfeld gesammelt haben. Sie sollten strukturiert-analytisch Prozesse definieren können und deren permanente Verbesserung zu Ihrem persönlichen Anliegen erklären. Kenntnisse sowie die Handhabung von bewährten Verbesserungssystemen (lean production) würden den Einstieg in die Aufgabe wesentlich erleichtern. Menschlich erwartet unser Auftraggeber eine konzernerfahrene, Mitarbeiter motivierende sowie generalistisch aufgestellte Führungspersönlichkeit.“

„Erfahrungen im Produktionsumfeld“, gemeint war sicher in einem produzierenden Unternehmen, am besten doch sicherlich als Produktionsleiter. Das würde dann auch zu der 2ten Reihe passen.

Aber es ging noch „besser":

„Aufgaben

Als Werksleiter übernehmen Sie die Verantwortung für den im Konzern effizientesten und mit den besten Maschinen ausgestatteten Produktionsstandort. Nach der kürzlich erfolgten vollständigen Restrukturierung werden Sie die 7-Tage-Produktion sicherstellen sowie die Produktions- und Logistikprozesse permanent optimieren. Aktive Mitarbeiterführung, deren beständige Motivation sowie das Erstellen und Verfolgen von relevanten Kennzahlen gehören zu Ihrem täglichen Tätigkeitsumfeld. Neben den Kernaufgaben eines Werksleiters sollten Sie die Standortbesonderheiten (Effizienz) erlernen/erfassen und diese im Rahmen Ihrer beruflichen Weiterentwicklung anwenden und an anderen Standorten implementieren. Aufgabe für hungrige Macher!!"

Aha, *„...kürzlich erfolgte vollständige Restrukturierung"*. Der Standort war komplett durchgewirbelt worden, wahrscheinlich mit Mitarbeiterabbau, mit blutigen Händen. Der neue sollte es richten.

„...Sie sollten die Standortbesonderheiten (Effizienz) erlernen/erfassen und diese im Rahmen Ihrer beruflichen Weiterentwicklung anwenden und an anderen Standorten implementieren."

„Standortbesonderheit Effizienz", klasse, und der Werkleiter sollte, quasi als Inhouse Consulter, dies zusätzlich zu der eigenen Werkleitung an anderen Standorten neben, mit, bei dem dortigen Werkleiter mal kurz einführen, ausrollen, selbstverständlich mit dem dortigen Maschinenpark.

Das hätte ich mir gern mal expressis verbis in Langfassung berichten lassen wollen.

Das fehlende *„eine"* vor der Aufgabe für *„Macher"* rundete diesen Absatz ab.

Die meisten Macher machen zu viel im Verhältnis zum selbstgemachten Denken. In Konsequenz machen Macher meist Mist.

Ich schickte diese Bewerbung in mehrerlei Hinsicht ins Blaue. Sie wollten ja einen jungen Macher.

Die Eingangsbestätigung kam am Sonntag. Sie war ungewöhnlich lang und wies als Besonderheit auf eine Login Möglichkeit hin, in der man seine Daten überprüfen konnte. Gezeichnet war alles von einer Assistentin des Vorstandes der xxx AG, Nachhaltige Personalberatung.

Der Inhalt war gut. Ich verzichtete dennoch darauf zu prüfen, ob die Dame meine Unterlagen richtig in ihre Datenbank übertragen hatte.

Ein echter Klopper war die *„Nachhaltige Personalberatung"*, das war wirklich stark. Wie geht das denn? Ist sie vielleicht auch noch besonders umweltverträglich oder gar CO_2 neutral?

Es sind traurige Zeiten, wo bei einigen Menschen oder Branchen scheinbar nichts ohne oftmals unverstandene bzw. nicht klar definierte Mode-Wörter sprachlich zu gehen scheint. Infolgedessen fehlt dem Ganzen der Sinn.

Am Dienstag drauf bekam ich ein zweites Mal die wohl wieder automatisch versandte Standard Mail, die bereits Sonntag gekommen war.

Es ist immer schlecht, wenn eine Automatik falsch eingestellt ist oder falsch bedient wird, von Menschen, denn die
machen die Fehler, nicht die Automatik.

Und es kam noch eine dritte, handgemachte Mail dazu, mit
falschem Betreff und falschen Datum meiner Bewerbung.

Dann kam nichts mehr, über 5 Monate lang bis zur Absage
am Mittwoch, 2. Oktober.

An meinem Geburtstag um 6.36 Uhr, ich saß um diese Zeit
nicht am Rechner, gab es eine Geburtstagsmail. Auch so
können die personenbezogenen Daten der Kandidaten genutzt werden. Dies war eine neue Facette.

*„Das Geheimnis des Glücks ist es, statt der Geburtstage
die Höhepunkte des Lebens zu zählen.*

(Mark Twain)

Sehr geehrter Herr J.,

wir gratulieren Ihnen herzlich zu Ihrem Geburtstag.

*Wir wünschen Ihnen auch im kommenden Lebensjahr Ge-
sundheit sowie viel Glück und Erfolg für Ihre private und
berufliche Zukunft und die Erreichung Ihrer Ziele.*

Freundliche Grüße aus Düsseldorf

Das Team der xxx AG

Nachhaltige Personalberatung"

Wenn deine Daten erst mal in irgendeinem Speicher sind, kann man alles damit machen. Auch eine Geburtstagsmail.

Montag, 29. April

Morgens zum Wochenstart scannte ich meine üblichen Internet Stellenbörsen durch. Es dauerte diesmal etwas länger. Gestern Abend hatte ich noch eine Mail von einer guten Freundin aus München mit drei mir bis dahin unbekannten Job-Plattformen bekommen.

Sie hatte mit 50 im März von ihrer bevorstehenden betriebsbedingten Kündigung erfahren und arbeitete mit bzw. suchte auf diesen Seiten nach einer neuen Stelle.

Ihre Internetquellen brachten keine neuen Offerten und ich blieb bei meinen üblichen.

Es war putzig, wenn einige Gesuche, die man im Gedächtnis behalten hat, oftmals vierteljährlich wieder auftauchen. Ich fragte mich jedes Mal bei einem derartigen zyklischen Gesuch, ob alle Bewerber unpassend oder zu schlecht gewesen waren oder ob im anderen Extremfall, die Stelle überhaupt nicht existent war und ist. Irgendwo in dem weiten Spektrum der Möglichkeiten zwischen diesen gedachten Eckpunkten wird die spezifische Wahrheit des Einzelfalls liegen.

Dienstag 30. April

Die Automobil Produktion meldete in ihrem täglichen Newsletter:

„Bewerber überrennen Porsche in Leipzig

Der Stuttgarter Sportwagenbauer Porsche wird in Leipzig von Bewerbern regelrecht überrannt. Gut 32.000 Bewerbungen seien inzwischen eingegangen.

Der Sportwagenbauer Porsche erweitert sein Werk in Leipzig und schafft dabei neue Arbeitsplätze.

Das sagte Produktionsvorstand Oliver Blume am Montagabend vor Journalisten. Der Autobauer sucht seit Mitte März insgesamt 1.000 Mitarbeiter für die Produktion und 400 Ingenieure, von denen schon gut die Hälfte an Bord ist. Porsche erweitert sein Werk in Sachsen derzeit für 500 Millionen Euro. Ende des Jahres soll hier der kleine sportliche Geländewagen Macan vom Band rollen.

Unter den bereits rekrutierten Mitarbeitern sind auch von der Werkschließung in Bochum betroffene Opel-Mitarbeiter. Porsche habe ein komplettes Opel-Team für seine neue Lackiererei in Leipzig übernommen, sagte eine Sprecherin. Wie viele Opelaner Porsche insgesamt aufnehmen wird, stehe noch nicht fest. Porsche suche in ganz Deutschland und Europa, sagte Werksleiter Siegfried Bülow.

Zurzeit montiert Porsche in Leipzig mit gut 1.200 Mitarbeitern den Geländewagen Cayenne und den Panamera. Mit dem Umbau für den Macan wird die Produktionsfläche verdoppelt und die Fertigung zu einem Vollwerk ausgebaut."

Zwei klare Aussagen dazu:

1. Für Porsche ist es offensichtlich selbstverständlich, selbst, ohne Personal-Berater/Vermittler Mitarbeiter zu suchen. Das Unternehmen stemmt es allein, auch bei einer großen Anzahl. Das ist vorbildlich und sollte jeden Perso-

nalberater anspornen, seine Dienstleistung wenigstens exzellent zu tun.

2. Es scheint schlecht für die potentiellen neuen Mitarbeiter zu klingen, dass nur einer von gut 30 einen Job bekommt. So eine Quote ist geradezu traumhaft, wenn man selber die Situation von 200 bis 250 Mitbewerbern je Vakanz hat.

Mittwoch, 1. Mai

Bewerbung 32: Managing Director / Geschäftsführer, NRW

Morgens, 8.15 Uhr, schickte ich eine Bewerbung auf eine Geschäftsführung eines Mittelständlers nach NRW los. Am Tag der Arbeit, das musste doch Glück bringen.

Außerdem war das Intro dieser Personalberatung doch wirklich nett:

„Erfolgreiche Personalsuche im Führungskräftebereich zeichnet aus, dass eine vakante Position genau mit der richtigen Person besetzt wird. Und deshalb sind wir für Auftraggeber und Kandidaten gleichermaßen lösungsorientierte Partner, Berater und Vertrauenspersonen. Für unseren Mandanten aus der metallverarbeiteten Industrie suchen wir für den Produktionsstandort in Gelsenkirchen den

Managing Director / Geschäftsführer (m/w) "

Es wurde eine Allein-Geschäftsführung beschrieben, mit einem Unterbau von 6 Abteilungsleitern, ohne Vertrieb. Zu den üblichen Unterlagen wurde ein Lebenslauf in Englisch erbeten. Der Vorgesetzte kam wohl aus dem englischen Sprachraum.

Eingangsbestätigung 32, Freitag, 3. Mai

Abends kamen 2 Mails zu meiner Bewerbung von Mittwoch herein.

Die erste 21.19 Uhr.

„Sehr geehrter Herr Dr. J.,

ich bedanke mich bei Ihnen für die Übersendung Ihrer Bewerbungsunterlagen und das damit verbundene Interesse an der ausgeschriebenen Funktion.

Das Auswahlverfahren steht gerade am Anfang und ich bitte daher um etwas Geduld. Ich werde mich so schnell wie nur möglich bei Ihnen melden.

Ich wünsche Ihnen bis dahin eine gute Zeit.

E-Mail von meinem IPhone gesendet"

Die zweite Mail folgte 8 Minuten später.

„Sehr geehrter Herr Dr. J.,

nach Sichtung Ihrer Bewerbungsunterlagen lade ich Sie hiermit gerne zu einem ersten Kennenlerngespräch ein. Als Termin schlage ich Ihnen den Dienstag, 14. Mai, um 18 Uhr, vor.

Da mein Kalender in den nächsten Wochen sehr voll ist, hoffe ich sehr, dass Sie diesen Termin wahrnehmen können.

Das Gespräch würde in den Räumlichkeiten der ... Düsseldorf

stattfinden.

E-Mail von meinem IPhone gesendet"

Die maximal 8 Minuten Sichtung meiner Unterlagen auf dem iPhone hätte die Eingangsbestätigung überflüssig werden lassen.

Entscheidend war, nach 2 Tagen ein Gespräch bekommen zu haben. Das war ein gutes Zeichen. 18.00 Uhr in Düsseldorf mit ca. 2,5 bis 3 Stunden Fahrt für eine Strecke, das musste jedoch nicht sein.

Nachfrage 32, Montag, 6. Mai

Ich versuchte morgens die Dame, die mich zu dem Vorstellungstermin eingeladen hatte, telefonisch zu erreichen, zu guter Personalberaterzeit 9.30 Uhr. Vor 9.00 Uhr braucht man es erst gar nicht zu versuchen. Das hat die Erfahrung gezeigt.

Niemand da, weder am Festnetzanschluss, noch am Mobil. Also hinterließ ich eine Nachricht.

Nachfrage 32, Mittwoch, 8. Mai

Die Personalberaterin hatte weder Montag, noch Dienstag zurückgerufen. Ich mailte sie morgens an und schlug 3 alternative Termine mit einem Start am späten Vormittag bis Mittag vor.

Telefonat 32, Freitag, 10. Mai

Um 11.00 Uhr rief die Personalberaterin auf meinem Mobil an. Sie tat sich erst einmal selber Leid, wie viel sie denn zu tun habe. Nachdem ich Montagmorgen der Dame auf die Mailbox gesprochen hatte, hatte sie zumindest meine Mail vom letzten Mittwoch wenig später gelesen, sich aber nicht gerührt. Ein einfaches tut mir Leid, dass ich mich erst jetzt melde, wäre sicherlich der bessere Gesprächseinstieg gewesen.

Selbst wenn sie wirklich viel um die Ohren hatte, mag ich es nicht, wenn mir Fremde gleich zu Beginn etwas vorjammern und damit nicht nur ihre, sondern auch meine Zeit verschwenden.

Einem durchaus geschätzten ehemaligen Mitarbeiter von mir, der auch dazu neigte, die „Ich-hab-so-viel-zu-tun-Geschichte" überall und unaufgefordert zu erzählen, hatte ich einst gesagt und vorgerechnet, dass er leicht jeden Tag 0,5 bis 1,0 Stunden mehr Arbeits-Zeit selbst für sich generieren könne, wenn er das unsouveräne, stimmungstötende Gejammer einsparte.

Die Dame und ich vereinbarten einen anderen Termin, nicht ideal, aber zeitlich günstiger, als der erste. Ebenfalls ließ ich mir die Erstattung meiner Fahrtkosten bestätigen.

Mein Gesprächspartner war der Vorgesetzte der Dame, die so sprunghaft kommunizierte.

Gespräch 32, Donnerstag, 16. Mai

Um 14.30 Uhr war mein Vorstellungsgespräch in Düsseldorf. Ich fuhr rechtzeitig kurz vor 11.00 Uhr los und war 13.45 Uhr da. Ich döste noch eine halbe Stunde im Wagen. Es hatte gerade angefangen heftig zu regnen, sonst wäre ein Spaziergang zum Sauerstoff tanken vorteilhafter gewesen. Dann ging ich in das beeindruckende hohe Gebäude aus Glas, Stahl und Beton und meldete mich bei der Dame an der Rezeption. Eine Viertelstunde vorher zum Termin zu erscheinen ist erlaubt.

Mein Gesprächspartner war der Personalchef, der Arbeitsdirektor, der großen Personalvermittlungsgesellschaft, die primär als Zeitarbeitsfirma bekannt ist. Es gab die Besonderheit, dass dieser Mann seit 17 Jahren, wie er mir erzählte, als externer Berater, als externer Personalchef, die Firma in Gelsenkirchen in Personalfragen unterstützte, für die jetzt ein Geschäftsführer gesucht wurde. Er kannte alle Akteure vor Ort persönlich, nicht nur den Betriebsrat.

Die deutsche Firma hatte 115 Mitarbeiter und gehörte zu einem englischen Konzern. Vor 3 bis 4 Jahren hatte sie auf der Kippe gestanden, aber die Engländer hatten sich nicht zum Schließen, sondern zum Investieren entschieden. Ein zweistelliger Millionenbetrag war in den Standort geflossen. Mein potentieller neuer Chef war Ingenieur, Engländer und saß in England.

Die Hauptaufgabe für den neuen Geschäftsführer sollte die Mitarbeiterführung sein.

Soweit alles okay. Die Information, dass immer noch 2 englische Berater versuchten, die Firma in Schwung zu bringen, war nicht positiv.

Das Ziel für das Gespräch heute war es herauszufinden, ob ich menschlich zum Unternehmen, zu den Mitarbeitern der Firma passen würde. Wir hatten schnell einen Draht zueinander und das Resultat war eine sehr positive Einschätzung meiner Person seinerseits. Er schlug vor, kurzfristig mit mir nochmal zusammenzukommen, um dann den Informationsaustausch zu intensivieren. Ich möge ihm, bzw. seiner Teamleiterin, bitte kurzfristig Bescheid geben.

Das war gut, die Zeit hatte sich gelohnt, auch wenn Gelsenkirchen sicher nicht der Traum meiner Träume war. Eine Stadt, in der viele, meist ausländische Arbeitskräfte aktuell nicht mehr gebraucht wurden, keine Anstellung mehr hatten. Ich hatte eine schlimm hohe Arbeitslosigkeit von 16,5 % gegoogelt.

Die Rückfahrt wurde anstrengend. Ich war 15.45 Uhr losgefahren. Das war offensichtlich bereits zu spät. Der Nachmittagsverkehr war angelaufen und es war voll auf den Straßen. Hinzu kam zum Teil sintflutartiger Regen. Ich folgte einer Umleitungsempfehlung meines Navis und fuhr quer durch Gelsenkirchen Richtung A2. Gleich ein Site Seeing des möglichen zukünftigen Arbeitsortes, wie passend zum Anlass der Fahrt.

Endlich auf der A2, ließ es sich besser fahren, bis auf die Regenunterbrechungen, wie man beim Tennis sagen würde. Die Intensität von Regenfällen ließ sich auch so beschreiben: Ich fuhr zeitweise mit rund 70 km/h auf der rechten Spur. In der Mitte waren die LKWs mit mindestens 15 km/h schneller unterwegs. Links, und das verstehe ich noch weniger, gab es noch einzelne Pkw-Fahrer, die immer noch über 100 km/h drauf hatten, als ob für sie eine andere Physik gelten würde.

Bereits auf der Hinfahrt hatte ich innerlich über die Absperrung je einer Spur auf der drei- bzw. sechsspurigen A2, nach Navi 7,2 km lang, zwischen Bad Eilsen und Veltheim, mit dem Kopf geschüttelt. 4 Mann hatte ich vormittags hier arbeiten sehen, also gut ein halber Mann/Kilometer. Was wollte der beschicken? Warum war ein so langes Stück abgesperrt worden? Das fragt sich der bewusste Autofahrer. Offensichtlich wurde einschichtig gearbeitet, denn abends bei der Rückfahrt sah ich 0 Mann hier arbeiten.

Es muss mit öffentlichen Baustellen nicht schnell gehen. Der Zeitverlust aller Auto-Bürger spielt keine Rolle.

Abends 19.15 Uhr war ich wieder zu Hause, nach 3,5 Stunden, viel zu viel Zeit für keine 300 km.

Mail 32, Dienstag, 21. Mai

Von den drei Pfingsttagen war nur der mittlere trocken und brachte etwas Sonne bei maximal 18°. Die beiden anderen Tage kamen nur bis 11° bzw. 13° mit reichlich Regen. Das hob die Stimmung auch nicht.

An diesem Dienstag, morgens kurz nach 7.00 Uhr schrieb ich die ersten Mails. Die allererste nach Düsseldorf, wie letzten Donnerstag mit dem Personalberater verabredet, bestätigte ich seiner Mitarbeiterin mein Interesse, ergänzt mit einem Terminvorschlag für das zweite Gespräch Und dem Wunsch auf ein quasi Inkognito-Treffen in der Firma, um gleich alles in Augenschein nehmen zu können.

Mail 32, Sonntag, 26. Mai

Auf meinen Vorschlag für den 2. Gesprächstermin für die vakante Geschäftsführung in Gelsenkirchen hatte sich die so viel beschäftigte Dame der Personalberatung die ganze Woche hin nicht gemeldet.

Ich mailte sie erneut morgens an und fügte gleich meine Bankverbindung für die Erstattung der rund 170.- € Fahrtkosten bei.

Mail 32, Dienstag, 28. Mai

Weiterhin keine Reaktion von der Dame der Personalberatung in Düsseldorf. Da teilweise hinterher sehr seltene Dinge so etwas durchaus erklären, wie zum Beispiel die Kombination aus spontaner Krankheit, eventuell durch einen Unfall, in Kombination mit fehlendem Zugriff anderer auf den E-Mail-Account, funkte ich meinen Gesprächspartner vom vorletzten Donnerstag nun persönlich an. Zu meiner üblichen Mail Zeit kurz nach 7.00 Uhr.

„Guten Morgen Herr O.,

ich mache mir „Sorgen" um Ihre Mitarbeiterin Frau S., die sich seit einer Woche nicht bei mir zurückmeldet.

Ich bitte um Ihre Unterstützung und eine zeitnahe Antwort.

Vielen Dank und einen schönen Tag.

Mit freundlichen Grüßen

Dr. Max. S. Justice"

Der Mann war ja fast ein Early Bird, denn 8.31 Uhr kam die Lesebestätigung. Er musste wohl daraufhin mit seiner Mitarbeiterin gesprochen haben, denn ihre Lesebestätigung kam 1 Stunde später.

Antworten tat keiner von beiden.

Mail 32, Mittwoch, 5. Juni

Der Tag begann mit einer kuriosen Mail, denn als diese gestern 23.47 Uhr gekommen war, hatte ich schon geschlafen.

Nach meinem positiven Vorstellungsgespräch in Düsseldorf am 16.5. hatte ich insgesamt 3-mal hinterher geschrieben und bislang keine Antwort erhalten. Meine letzte Mail war vor über einer Woche an den Vorgesetzten der Dame gegangen, die mir jetzt kurz vor Mitternacht von ihrem iPhone lapidar antwortete, es würde noch dauern. Sie befänden sich immer noch in den Erstrunden Gesprächen.

Aus meinem Interview hatte mich ihr Chef mit dem Wunsch, mich in den nächsten Tagen zu einem 2. längeren Gespräch sehen zu wollen, verabschiedet. Paradox, aber als Bewerber erfährt man nicht die Wahrheit.

Absage 32, Donnerstag, 11. Juli

Auf den Tag genau war es heute 8 Wochen her, dass ich das sehr positive Bewerbungsgespräch in Düsseldorf auf die Geschäftsführung in Gelsenkirchen gehabt hatte. Seitdem gab es nichts Neues.

Es war klar, dass zumindest für mich die Stelle tot war. Nachdem die gesamte Kommunikation via Mail und Telefon gelaufen war, kam nachmittags mit der Post ein lapidarer Absage-Brief ohne irgendwelche Informationen. Meine Reisekosten für das Gespräch waren mir trotz bereits erfolgter Erinnerung immer noch nicht überwiesen worden. Die 8 Stunden Zeit für die Fahrten und das Gespräch, die

Vorbereitungszeit nicht mitgerechnet, erstattet dem Bewerber sowieso niemand.

Ich mahnte abends nochmals die gut 170.- € an, mit Terminsetzung.

Tatsächlich meldete sich die Dame aus Düsseldorf nach 4 Tagen, schnell für ihre Verhältnisse. Sie wirkte irgendwie angefasst.

In 8 Wochen eine primitive Banküberweisung über einen kleinen Betrag nicht organisiert zu bekommen, ist einfach nur jämmerlich. So wie diese ganze Bewerbung.

Mittwoch, 8. Mai

Und es gab diesen Mittwoch noch eine Kuriosität. Bei der üblichen Internetstellensuche klickte ich bei Stepstone ein Inserat *„Vorstandsmitglied Produktion"* mit Dienstsitz Hannover an. Was wurde da in meiner Stadt produziert? Wer suchte da einen Produktioner?

Die Sparda-Bank suchte im Zuge einer Nachfolgeregelung eine entsprechende Dame oder Herren für die Ressortschwerpunkte Marktfolge und Kundenservice-Center.

Dass eine Bank was produzierte bzw. eine hochrangige Position mit Produktion betitelte fand ich befremdlich. Reflexartig dachte ich, sicher undifferenziert, dass es meist Wirtschaftskrisen waren, was Banken und Geld-Spekulanten in den letzten Jahren produziert hatten. Dazu passte dann wieder ein Satz in der Ausschreibung in dem Abschnitt Aufgabe: *„Vor dem Hintergrund zunehmender Regulatorik gilt es, risikoorientierte und vorausschauende Konzepte zu entwickeln."*

Sollte der ideale Kandidat beim russischen Roulette wissen, wo die Patrone ist oder einfach nur die Lotto-Zahlen vorhersagen können?

Auch wenn die Bank namentlich auftrat, lief natürlich alles wieder über einen Berater.

Freitag, 31. Mai

Diesen Freitag versuchte ich etwas Neues. Erstmals bewarb ich mich auf tiefere Stellen. Ich wollte sehen, ob ein Schritt zurück in der Hierarchie, die Aussicht auf eine neue Beschäftigung erhöhte.

Mittags schickte ich 2 Bewerbungen als Produktionsleiter auf ihre Reise.

Bewerbung 33: Leiter Produktion, Bremen

Die Deutsche Bahn suchte für ihr Instandhaltungswerk in Bremen einen Produktionsleiter. Was bei der Ausschreibung zunächst beeindruckte, war die Zahl 7.000. Jedes Jahr würden 7.000 neue Mitarbeiter für 500 verschiedene Berufe gesucht, im Sinne von eingestellt, wow.

Ich hatte mir noch keine Gedanken über die Mitarbeiterzahl der Bahn gemacht. Als Selten-Bahnfahrer erlebt man die Bahn nur durch Negativ-Meldungen aus der Presse, die sich dies scheinbar zum besonderen Anliegen gemacht hat. Wenn im Winter der gesamte Straßenverkehr in einer Region wetterbedingt temporär zusammenbricht, wird darüber berichtet, dass die Züge 10 Minuten Verspätung haben.

Ich schaute nach. Weltweit arbeiteten rund 300.000 Menschen für den DB-Konzern, in Deutschland war die DB mit rund 193.000 Mitarbeitern einer der größten Arbeitgeber.

Das waren die konkreten Zahlen.

Das Werk in Bremen hatte 450 Mitarbeiter. Die Produktion in der offensichtlich Ersatzteile für den Eigenbedarf gefertigt wurden, sollte der personalintensivste Bereich sein. Also eine große Produktionsleitung, dennoch ein klarer Schritt zurück. Mein Vorgesetzter würde der Werkleiter sein.

<u>Eingangsbestätigung 33, Montag, 3. Juni</u>

Der Einzeiler der automatischen Empfangsbestätigung war bereits kurz nach Abschicken meiner Bewerbung letzten Freitag gekommen, die an eine Dame einer Dienstleistungsgesellschaft der Deutschen Bahn in Berlin adressiert war.

Zwei Mails dieser Dame kamen im Abstand von weniger als einer Stunde rein. Es waren die Mails 2 und 3.

Und die Dame überholte sich heute selbst. Scheinbar haben diese Menschen in der Personalvermittlung einen Hang zur falschen Reihenfolge. Immer zuerst der Standardtext und dann das Spezifische. Dabei wäre es doch auch für solche Leute so einfach. Eben erst lesen, denken, handeln, heißt dann spezifisch zu antworten.

Mail 2:

„Sehr geehrter Herr Dr. J.,

vielen Dank für Ihre Bewerbung und Ihr Interesse an der ausgeschriebenen Position. Wir bitten Sie um Verständnis dafür, dass die Sichtung der Unterlagen etwas Zeit in Anspruch nehmen wird. Wir setzen uns dann in Kürze wieder mit Ihnen in Verbindung.

Aus datenschutzrechtlichen Gründen möchten wir Sie darauf hinweisen, dass Ihre personenbezogenen Daten automatisiert verarbeitet werden. Für die Bearbeitung Ihrer Bewerbung beschränken wir uns auf die von Ihnen unmittelbar gemachten Angaben. "

Mail 3:

„Sehr geehrter Herr Dr. J.,

ich komme noch mal auf Ihre Bewerbung zurück. Teilen Sie mir bitte noch Ihre Gehaltsvorstellung mit. "

Ich hatte ganz bewusst diesen Punkt in meinem Anschreiben ausgespart, da ich zu wenig Informationen hatte, um hier etwas Sinnvolles, das heißt ein für die vakante Position adäquates Gehalt, anzugeben. In der Ausschreibung waren weder die Größe des Standortes, noch die Berichtslinie und die Anzahl der zu führenden Mitarbeiter genannt. Die Informationen hatte ich mir vorher aus dem Internet selbst beschafft. Ob dies zukünftig so bleiben würde, war offen.

Dass die Stelle deutlich tiefer dotiert war, war anzunehmen.

Ich schrieb abends zurück mit der Botschaft, das Thema Vergütung gern inhaltlich in einem persönlichen Gespräch zusammen mit allen anderen relevanten Themen erörtern zu wollen und es daran nicht scheitern zu lassen.

Am nächsten Morgen gegen 9.00 Uhr, typische Startzeit für einen Personalvermittler, las die Dame meine ernst gemeinte, aber hintergründige Antwort. Es gab keine Nachfragen mehr.

Ob sie mich jetzt gerade auf den Haufen Absagen gelegt hatte, da ich keine Zahl genannt hatte? Wer wusste das.

Mail 33, Mittwoch 26. Juni

„Sehr geehrter Herr Dr. J.,

...Ihre Bewerbung hat uns gut gefallen und ich würde mich sehr gerne mit Ihnen über das weitere Vorgehen abstimmen. ..."

Ich war also nicht auf den vermeintlichen Haufen gelandet, der mit Absagen beschriftet war. Wir waren gerade auf dem Weg nach Spitzbergen, rundherum nur Wasser. Und da kann man selbst heute nicht überall sofort antworten.

Außerdem wollte ich ohne meine Unterlagen nicht telefonieren.

Als es wieder möglich war, schickte ich eine Mail zurück und kündigte meinen Anruf für den 8. Juli nach meinem Urlaub an.

Telefonat 33, Montag, 8. Juli

Nachmittags, kurz nach 14.00 Uhr, rief ich, wie mailtechnisch vereinbart, die Dame von der Bahn an. Wir hatten einen guten Draht zueinander und ich berichtete ihr über meine Wechselmotivation, die offiziellen Hintergründe, meine Ansichten über Lebensqualität als Brücke, generell auch für ein niedrigeres Gehalt einen neuen Arbeitsvertrag zu unterschreiben, und ließ mein aktuelles und den noch darüber liegenden Jahresverdienst inklusiver variabler Vergütung raus.

Ja, das hatte sie erwartet. Sie zeigte den finanziellen Rahmen für die Vakanz auf, insgesamt 65% meines jetzigen Gehaltes, aber nur 57% des monatlichen Fixums. Das war bitter, insbesondere wenn man mit einbezog, dort eine Wohnung mieten zu müssen. Dann wäre das real übrig bleibende Netto deutlich unter der Hälfte des jetzigen Ist-Netto.

Dennoch wollte ich das Buch noch nicht zuschlagen und zunächst in einem Vorstellungsgespräch mehr erfahren. Ich würde direkt von dem suchenden Werk in Bremen kontaktiert werden.

Telefonat 33, Mittwoch, 10. Juli

11.30 Uhr rief eine Dame von der Bahn an, aus dem Werk in Bremen, das den Produktionsleiter suchte, wortkarg, kühl, norddeutsch. Der Werkleiter, mein potentieller neuer Vorgesetzter war in Urlaub. Wir vereinbarten einen Gesprächstermin für heute in 3 Wochen, am Mittwoch, dem 31. Juli, 13.00 Uhr in Bremen.

Ich gab dem Ganzen keine großen Hoffnungen mehr.

Nachfrage 33, Sonntag, 28. Juli

Es ist üblich, nach der telefonischen Vereinbarung eines Bewerbungsgespräches seitens des einladenden Unternehmens eine schriftliche Bestätigung des Gesprächstermins mit Nennung der anwesenden Gesprächspartner zu senden.

Vor knapp 3 Wochen hatte ich ein Interview für kommenden Mittwoch in Bremen bei der Deutschen Bahn verabredet. Zur Sicherheit schrieb ich die Dame in Frankfurt an, da ich aus Bremen nichts hatte. Die Adresse hatte ich mir selbst aus dem Internet gezogen.

Außerdem galt es, die Frage der Reisekostenerstattung zu klären.

Mail 33, Montag, 29. Juli

2 Stunden nachdem die Dame der Deutschen Bahn meine Mail um 10.30 Uhr gelesen hatte, antwortete sie. Sie hatte meine Mail nach Bremen weitergeleitet und bot mir ein Bahnticket an. Ihr Standpunkt zum Auto war eindeutig. *„Fahrtkosten für die Anreise mit dem privaten PKW können wir leider nicht erstatten."*

Ich dachte spontan, das kann jetzt nicht euer Ernst sein. Wieder ein großer, träger Apparatschik, der das machte, was er immer machte und über nichts davon Abweichendes auch nur in Ansätzen nachdachte.

Ich schrieb 18.15 Uhr zurück und war auf die Antwort gespannt.

„Guten Tag Frau S.,

der Komfort und die Bequemlichkeit eines ICs oder ICEs stehen außer Frage.

Die „Überbrückung" der jeweils mehr als 10 km in Hannover und Bremen zwischen Hbf und Zielort bzw. Startort führt jedoch zu einer Verdopplung der Gesamtreisezeit, die mir Mittwoch nicht reinpasst und insgesamt für die kurze Distanz inakzeptabel hoch ist.

Ich bitte Sie daher nochmal, in diesem begründeten Ausnahmefall, die Abrechnung der Autoanfahrt mit den Standard 0,30 €/km zu übernehmen.

In Erwartung Ihrer positiven Bestätigung.

Besten Dank und freundliche Grüße

Dr. Max. S. Justice"

Die Verdoppelung der Reisezeit war noch maßlos untertrieben. Zumindest die Anreise in Hannover mit öffentlichen Verkehrsmitteln zum Hauptbahnhof war mit zweimal umsteigen mindesten 45 Minuten lang. Ob es in Bremen schneller ging, wusste ich nicht und wollte es auch nicht ausprobieren.

Der begründete Ausnahmefall geht doch in einem Apparatschik immer, oder?

Mail 33, Dienstag, 30. Juli

Die Dame von der Bahn hatte, als ich wieder zurück am Rechner war, auch geantwortet. Alles war sehr höflich. Inhaltlich hatte sich aber nichts geändert, kein Auto.

Abends um 22.00 Uhr schrieb ich zurück.

„Guten Tag Frau S.,

wie gestern Abend bereits mitgeteilt, sprengen die kurzen Wege in den öffentlichen Verkehrsmitteln mein zur Verfügung stehendes Zeitfenster am morgigen Mittwoch.

Zu den 2*1h Nettofahrzeiten, dies gilt für Zug und Auto, addieren sich bei der Benutzung des Zuges ca. 4*0,75h „Bahnhofswege", die nicht mehr „drin sind".

Wenn Sie innerhalb Ihres Unternehmens noch einen Weg finden, den geltenden Regularien auch bei einer Autofahrt-Erstattung von ca. insgesamt 250 km gerecht zu werden, würde ich mich freuen.

Einen Alternativ-Termin um die Mittagszeit können wir kurzfristig vereinbaren.

Mit freundlichen Grüßen

Dr. Max. S. Justice"

Das ganze Thema war lächerlich. Neben der Nummer für eine Fahrkarte an irgendeinem Automaten, der diese dann auch hoffentlich widerstandslos ausspuckte, hieß das spitz gesehen der Bewerber bezahlt die Wege zum Bahnhof sowieso selber. Allein in Hannover wären dies rund 6.- €. Im armen Bremen war es wahrscheinlich entsprechend noch mal dasselbe. 12.- € Selbstbeteiligung und ein zerschossener Tag, sehr schön.

Früher hieß die goldene Regel, der Bewerber bringt die Zeit und hat die Stress-Situation des Gesprächs. Das Unternehmen übernimmt die Reisekosten, komplett. Da gab es nie Theater, jetzt gab es fast immer Theater.

Gerade bei der Deutschen Bahn fand ich das überraschend. Meine Bewerbung war zunächst nach Berlin gegangen. Nach einigen Mails um das Gehalt mit der Berliner Bahn-Dame schickte die meine Unterlagen weiter zur der nächsten Bahn-Dame nach Frankfurt. Jetzt schien es wegen lächerlichen Fahrtkosten zu scheitern.

Ich sah es dennoch nicht ein, hier sozusagen alles auszugeben.

Absage 33, Mittwoch, 14. August

Es ehrte die Dame der Bahn sehr, mir noch eine freundliche Absage zu schreiben.

Freitag, 31. Mai

Und die zweite Bewerbung auf eine tiefere Stelle.

Bewerbung 34: Fertigungsleiter, Olpe

Es war mehr als unwahrscheinlich, von dieser Firma eine positive Resonanz zu bekommen. Ein kleiner Mittelständler, 110 Mitarbeiter, inhabergeführt, suchte einen, den zweiten Mann, der für Produktion und Technik zuständig sein sollte.

Ein Ingenieur war der Wunsch, aber ein gelernter Metaller mit Meisterbrief würde es auch tun. Ich schrieb trotzdem hin, denn die Firma suchte selbst und manchmal gibt es ja positive Zufälle.

Absage 34, Freitag, 7. Juni

Ich hatte auf meine Bewerbung nichts gehört, keine Eingangsbestätigung bekommen. Diesen Nachmittag kam die Absage vom Inhaber und Geschäftsführer des Unternehmens persönlich.

„Sehr geehrter Herr J.,

wir danken Ihnen für Ihre Bewerbung und Ihr Interesse an unserem Unternehmen.

Ihre Bewerbung konnte bei der Besetzung der Stelle nicht berücksichtigt werden. "

Warum formulierte der Mann, dass er meine Bewerbung nicht *„berücksichtigen konnte"*?

Positiv gedacht wird er seine Gründe dafür gehabt haben, es nicht zu wollen, denn er hat es so entschieden. Das war sein gutes Recht, denn ihm gehörte die Firma. Aber die Fremdbestimmung in moderner deutscher Sprache ist ja voll im Trend. Auch dies ist eine unendliche Geschichte.

Das bloß keiner, und sei es auch nur sprachlich, für irgendetwas offensichtlich die Verantwortung hat oder gar freiwillig übernimmt.

Mittwoch, 5. Juni

Bewerbung 35: Werkleiter

Eine Werkleiterposition in der Bauindustrie einer europäisch agierenden Unternehmensgruppe klang sehr interessant und war explizit auch für nicht Bau-Leute in der Ausschreibung aufgemacht, die über die entsprechende Managementerfahrung verfügten. Außerdem war hier ein gestandener Profi gewünscht und niemand jüngeres, der seinen nächsten Karriereschritt erleben wollte.

„...Im Rahmen einer Altersnachfolge suchen wir eine qualifizierte und erfahrene Führungspersönlichkeit (m/w) als Werkleiter. In dieser Position sind Sie verantwortlich für unser Hauptwerk mit > 400 Mitarbeitern...."

Wo das Werk und damit ein späterer Arbeitsort waren, hatten die Personalvermittler nicht geschrieben. Der Standort war in Deutschland, sonst gab es keine weiteren Informationen.

Die Eingangsbestätigung kam am Tag drauf, mittags.

Telefonat 35, Freitag, 14. Juni

Kurz vor 17.00 Uhr rief noch eine Dame von der Personalberatung an. Es ging um einen Telefontermin mit dem zuständigen Berater. Wir vereinbarten kommenden Montag 11.00 Uhr.

Telefonat 35, Montag, 17. Juni

Pünktlich um 11.00 Uhr klingelte mein Mobil. Die Dame, die mich bereits letzten Freitag angerufen hatte, war dran und stellte mich zu dem Berater durch. Wir sprachen nur kurz, 8 Minuten, und irgendwie wirkte der Mann gehetzt, meine Motivation, mein Gehalt, und so weiter. Die ausgeschriebene Stelle würde sich in den nächsten 2 Wochen nochmal vom Profil her ändern. Er durfte noch keine Information über das Unternehmen und den Standort geben. Es sei bei mir in der Nähe.

Das waren ja fast Zauberworte, wie er nun auch immer Nähe definierte. Ich teilte ihm meine zweiwöchige Abwesenheit in den Urlaub und meine Erreichbarkeit via Mail mit.

Er würde sich ab dem 8.7. bei mir melden, so verabschiedeten wir uns.

Nachfrage 35, Donnerstag, 11. Juli

Abends hakte ich via Mail der Werkleitungsvakanz der Baustoffindustrie nach. Der Berater hatte sich 2 bis 3 Wochen nach unserem Telefonat melden wollen, was er nicht getan und damit seine Zusage nicht eingehalten hatte.

Absage 35, Freitag, 12. Juli

Wieder war eine mögliche Stelle weg, wieder hatte sich ein Berater nicht an seine mir zugesagte Verabredung gehalten.

Mittwoch, 5. Juni

Bewerbung 36: Leiter Technik, Norddeutschland

Die 2. offene Stelle, auf die ich mich diesen Mittwoch bewarb, brachte mich sozusagen 15 Jahre in die Vergangenheit, an den Punkt, wo ich mich als nächsten Karriereschritt als Leiter Technik und stellvertretender Werkleiter in dem

Unternehmen beworben und begonnen hatte, das mich jetzt gerade entsorgen wollte.

Immerhin war im Untertitel „Geschäftsführer / Werkleiter in spe" zu lesen.

Wieder waren weder die Standortgröße, noch die Anzahl der unterstellten Mitarbeiter genannt. Immerhin, und das war der Köder für mich, meine Motivation, wurde der Technikchef in Norddeutschland gesucht.

Die Branche war eine andere im Vergleich zu denen, in denen ich gearbeitet hatte und ich schätzte meine Chancen minimal ein.

Die Eingangsbestätigung war kurz und knackig, automatisch:

„Hiermit bestätigen wir den Eingang Ihrer E-Mail. Wir werden zeitnah wieder auf Sie zukommen, bitten aber um Verständnis, dass die E-Mails in der Reihenfolge ihres Einganges bearbeitet werden. Vielen Dank.

xxx Unternehmensberatung

Executive Search"

Am Tag drauf folgte eine zweite Eingangsbestätigung, auch wieder mit einem Standardtext:

„Sehr geehrter Herr Dr. J.,

hiermit bestätigen wir Ihnen den Erhalt Ihrer Bewerbungsunterlagen.

Wir werden nun Ihre faktischen Voraussetzungen und Erwartungen mit dem Anforderungsprofil unseres Klienten vergleichen und prüfen, ob die Basis für ein persönliches Gespräch vorhanden ist.

Über das Ergebnis dieser vergleichenden Analyse werden wir Sie so schnell wie möglich informieren. Bitte haben Sie noch etwas Geduld.

Ihre Einwilligung vorausgesetzt, werden wir Ihre persönlichen Daten speichern, um den zukünftigen Kontakt – auch über diese Suche hinaus – mit Ihnen zu optimieren.

Mit freundlichen Grüßen

G. B.

xxx Unternehmensberatung"

Was wäre es einfach, als Bewerber bessere Informationen in der Ausschreibung einsehen zu können. Jeder könnte vor der Bewerbung das detailierte Profil für sich mit plus und minus durchgehen. Bei zu vielen Minus braucht man sich nicht bewerben, insbesondere wenn die Knock Outs Lebensalter und Gehalt kein Plus bekommen haben.

Bei diesen Gedanken braucht sich keiner hinter dem AGG verstecken und dies als vermeintliches Hindernis für eine nicht mögliche Umsetzung nennen. Dieser klare Weg würde zu mehr Transparenz im Bewerbungsprozess führen und die oftmals nebulöse Art der Personal-Vermittler enttarnen.

Telefonat 36, Mittwoch, 12. Juni

Zufälle, manchmal gibt es kuriose Zufälle.

Ich wollte ein Schreiben im Sinne einer Initiativ-Bewerbung an Bekannte aus meinem Firmennetzwerk entwerfen. Ich öffnete eine Datei mit einem Anschreiben auf die Technische Leitung, die downgegradete Stelle, auf die ich mich letzte Woche Mittwoch beworben hatte, um auf diesem Brief aufzusetzen. Exakt in diesem Moment hörte ich den freundlichen Klingelton meines Mobiles und der zuständige Personalberater für diese Vakanz war am Apparat.

Der Mann war erstaunlicherweise überhaupt nicht vorbereitet, fragte nach Kündigungsfristen und meiner Mitarbeiterverantwortung. All das hatte er in meinem spezifischen, an ihn gerichteten Anschreiben und dem tabellarischen Lebenslauf vorliegen. Was er bewusst nicht hatte, war meine Gehaltsvorstellung. Ich erklärte ihm meine Wechsel-Motivation, die offizielle Variante, was ich heute an Einkommen hatte und wo meine Schmerzgrenze nach unten sei.

Ich hatte meine Schmerzgrenze bei knapp zwei Drittel des vertraglich fixierten, aktuellen Gehaltes angesetzt. Bezogen auf das reale Jahreseinkommen vom letzten Jahr waren es sogar unter 60 %, denn in diesem Jahr war die variable Gehaltskomponente insbesondere durch die Ergebnisse meines Standortes ausgezeichnet ausgefallen.

Ich bekam von dem Berater grünes Licht dafür, zusätzlich gäbe es einen Firmenwagen.

Inhaltlich begeisterte mich das angerissene Aufgabengebiet noch wenig. Aber eines war perfekt: der Standort. Er lag, wie in der Ausschreibung formuliert in Norddeutschland, 38 km von meiner Haustür entfernt, jeden Tag über die gut ausgebaute Bundesstraße leicht zu erreichen, kein Umzug, keine Wochenendbeziehung.

Wir vereinbarten, uns nach dem Sommerurlaub seines Auftraggebers ab dem 8.7. wieder in Verbindung zu setzen.

Exakt über diese Personalberatung hatte ich meine Position in meiner Ex-Firma vor bald 15 Jahren bekommen. Das musste doch ein gutes Omen sein.

Ich hatte längere Zeit über meine Schmerzgrenze nachgedacht. Wenn man nach dem Gehalt gefragt wird, denn letztendlich ist das von elementarer Bedeutung, muss man wissen, wo man hin will, auch wenn man dies nicht sofort als platte Zahl preisgibt und damit eine eventuell interessante Tür zuschlägt.

Es ist der Vorteil, aber bei einem Unternehmenswechsel eben auch die Crux, dass jeder Arbeitnehmer durch den üblichen Inflationsausgleich nach langen Jahren quasi teurer als die Position aus Sicht ihrer Neuausschreibung geworden ist.

Nach 10 Jahren und jährlichen 2% Inflationsausgleich ist das Gehalt um 21,9 % angestiegen, nach 15 Jahren mit ebenfalls jährlich 2% sind es 34,6 %.

Deshalb hatte ich meine Schmerzgrenze so schmerzlich tief angesetzt.

Mail 36, Mittwoch, 10. Juli

Mittags kam von der Assistentin des Personalberaters noch eine Mail herein, die, wenn es denn inhaltlich stimmte, wieder warten bedeutete.

„Sehr geehrter Herr Dr. J.,

wir möchten Sie heute darüber informieren, dass der weitere Ablauf aufgrund von klientenseitigen Terminproblemen leider noch etwas Zeit in Anspruch nehmen wird. "

Letztendlich glaubte ich kein Wort.

Nachfrage 36, Sonntag, 14. Juli

Nach der Erfahrung vom Ende letzter Woche hakte ich morgens der schwer zu glaubenden Vertröstungs-Mail vom letzten Mittwoch hinterher und bot ein Gespräch am Wochenende an. Das war schließlich keine Schwierigkeit, wenn es denn nun wochentags wirklich so voll sein sollte. Ich wollte Klarheit haben und nicht mit Unwahrheiten hingehalten werden.

Es kam keine Reaktion, die ganze Woche und danach auch nicht.

Absage 36, Donnerstag, 5. September

Und bloß dem kleinen Blödmann von Bewerber nicht die Wahrheit sagen, dachte ich spontan, als die bereits erwartete Absage nach der erfundenen Vertröstungsmail vom 10. Juli heute reinkam. Mein Angebot, die angeblichen Terminschwierigkeiten des Auftraggebers des Personalvermittlers durch ein Kennenlernen am Wochenende zu lösen, war unbeantwortet geblieben. Jetzt gab es das übliche Standard-Bla-Bla.

Wer selbst schon Bewerbungen durchgesehen hat, weiß, wie schnell es geht, die Vorauswahl zu treffen und sich seine Short List der Kandidaten für das 1. Gespräch zusammenzustellen.

Montag, 10. Juni

Ich hasste diese Unart einiger Leute, keine Antwort zu geben. Im Bewerbungsprozess gab es dieses Un-Verhalten und es erinnerte mich an die letzten Jahre in meiner Ex-Firma.

Mein Ex-Chef hatte sich, um bloß keine Position zu beziehen, in den letzten Jahren ebenfalls diese Ignoranz angewöhnt, sowohl auf mündliche als auch schriftliche Anfragen.

Mündlich per Telefon an die Sekretärin kam die Standardantwort, *„er meldet sich bei Ihnen"*.

Nichts passierte.

Mündlich persönlich kam die Standardantwort, *„ich melde mich dazu"*.

Nichts passierte.

Schriftlich kam gar keine Antwort.

Nichts passierte.

Auf weiteres Nachfragen, hörte man dann, *„warum haben sie mich nicht schon längst informiert"*.

Sagte man, dass dies dann und dann bereits mehrfach geschehen sei, er es als Mail lesen konnte, gab es die Version *„für Mails habe ich keine Zeit"*, *„sie müssen die Themen an mich ran bringen"*, *„sie müssen die Themen pushen, die für das Unternehmen wichtig sind"*.

Wem kommt das bekannt vor?

Es ist wirklich absurd, aber über Jahre so geschehen. Als konstruktiver Manager wird man irre bei so einem Stil. So einen Vor-Manager braucht weder der Unter-Manager noch das Unternehmen.

Dienstag, 11. Juni

Bewerbung 37: Leiter Produktion, Lindlar

Ich schrieb eine Bewerbung auf eine downgegradete Stelle als Produktionsleiter.

Ein großer Mittelständler, global agierend, suchte für seinen Stammsitz den Leiter Produktion. Die Firma betonte sehr ihre positive Einstellung zu ihren Mitarbeiter, das installierte Gesundheitsmanagement und die Sozialleistungen. Außerdem suchte sie selbst, ohne einen Personalberatungs-Filter und die Mitarbeiterverantwortung umfasste 300 Produktioner.

Eingangsbestätigung 37, Freitag, 14. Juni

Morgens, 8.45 Uhr, kam, endlich, die Eingangsbestätigung auf meine Bewerbung von letztem Dienstag herein, die 300 MA Produktionsleitung in Westdeutschland.

Es war sofort der schnörkellose Stil von agierenden Unternehmen zu spüren, ohne Personalberater-Verzierung.

„Sehr geehrter Herr Dr. J.,

vielen Dank für die Übersendung Ihrer Bewerbungsunterlagen, deren Eingang wir hiermit bestätigen.

Bitte betrachten Sie diese Mitteilung als Zwischenbescheid.

Wir werden uns baldmöglichst unaufgefordert wieder mit Ihnen in Verbindung setzen.

Mit freundlichen Grüßen,

H. J. H.

Human Resources

xxx GmbH + Co. KG"

So ist das gut. Es ist alles gesagt.

So knackig wie dieses Schreiben war, so unschön endete alles, denn ich hörte nie wieder etwas von dieser Bewerbung.

Mittwoch, 19. Juni

Bald waren es 9 Monate, die ich nach einer neuen Stelle suchte. Bei dem Aufwand, den ich betrieb, war ich sicher, dass mir nichts öffentlich von Unternehmen Ausgeschriebenes durch die Lappen ging. Dennoch war ich keinen Schritt weiter gekommen. Ich wollte noch etwas anderes versuchen.

Ich hatte schon lange die Idee im Kopf, eine Mail an einige meiner alten Firmen-Kontakte zu schreiben, quasi als Initiativ-Bewerbung. Empfänger waren die Prokuristen zweier

Ingenieurbüros an die ich viele Jahre immer wieder Aufträge vergeben hatte, und ein leitender Mitarbeiter der AOK mit dem ich ein betriebliches Gesundheitsmanagement vor 2 Jahren in meinem Werk installiert hatte.

Initiativ 1

„Sehr geehrter Herr Dr. D.,

wir kennen uns aus gemeinsamer, erfolgreicher Arbeit bei xxx.

Ich würde mich über einen Gedankenaustausch mit Ihnen über eine mögliche Vernetzung unserer Aktivitäten, eine Kooperation oder eine zukünftige Zusammenarbeit sehr freuen.

Bitte schlagen Sie einen Termin nach meinem Urlaub ab dem 10. Juli via Mail hierfür vor. Meine Adresse lautet: xxx@xxx.de.

Gern treffen wir uns vormittags oder mittags in Ihren Räumlichkeiten.

Mit freundlichen Grüßen

Dr. Max. S. Justice"

Mail Initiativ 1, Dienstag, 25. Juni

„Guten Tag Herr Dr. J.,

Frau V. verabredet mit Ihnen einen Termin. "

Diese lapidare Antwort kam 6 Tage nachdem er meine Mail gelesen hatte. Defacto war es Verschwendung, denn wir waren keinen Schritt weiter. Warum schlug er keinen Termin vor?

Antwort: weil echte Chefs selbst keine Termine machen.

Das erinnerte mich an Verhandlungen zum Interessenausgleich vor Jahren in meiner Ex-Firma. Sowohl die Arbeitnehmer- als auch die Arbeitgeberseite hatte sich juristische Beistände besorgt, Fachanwälte für Arbeitsrecht. Die Herren Arbeitsrechtler hatten keine Terminkalender dabei, keine elektronischen und keine aus Papier, sie waren nicht in der Lage, Folgetermine zu vereinbaren, ohne ihre jeweiligen Damen in ihren Kanzleien anzurufen. Die Damen waren natürlich manchmal nicht am Platz oder telefonierten, so dass teilweise die Terminabsprache verschoben wurde, dann wieder mit unsinnigen Telefonaten der juristischen Dienstleister in die Firma.

Völlig lächerlich, aber echte Chefs machen eben selbst keine Termine.

Gespräch Initiativ 1, Donnerstag, 18. Juli

Um 11.00 Uhr traf ich mich mit einem der führenden Herrn der AOK, den ich seit 2,5 Jahren kannte. Wir hatten zusammen ein betriebliches Gesundheitsmanagement installiert und waren als Leit-Wölfe mehrfach vor unterschiedlich großem Publikum in die Bütt gegangen, um die Zuhörer für das gute Thema zu begeistern.

Die Hälfte der Mitarbeiter meines Ex-Werkes war außerdem bei der AOK versichert, dadurch gab es Zuschüsse, was das Thema für die dominante Ex-Firmen-Finanzwelt verständlicher machte. Einem Controller erschließt sich oftmals die Sinnhaftigkeit eines Gesundheitsmanagement nicht a priori. Die Leute sollen arbeiten, dafür werden sie bezahlt, that's it, kein Firlefanz.

Quasi zur Sicherheit gegen eine kommunikative Flaute hatte ich meinen Lebenslauf in PowerPoint mitgenommen, ergänzt um 2 neue Slides mit von mir angebotenen möglichen Beratungsthemen für Unternehmen gemeinsam mit dem Partner AOK. Das war die Idee. Es ging mir um eine freie Mitarbeit bei einem positiven Gesamtthema wie Gesundheit.

Der Gesprächseinstieg war so zäh, dass ich nach wenigen Minuten beschloss, das Handout auf den Tisch zu packen, um dadurch die Aufmerksamkeit meines Gegenübers auf mein Anliegen zu lenken.

Irgendwie schien der Mann keine Lust zu haben, wirklich mitdenken zu wollen, nicht zu einem Austausch auf Augenhöhe bereit zu sein.

Die Aufstockung der Fördermittel für betriebliches Gesundheitsmanagement sei aktuell im Bundesrat abgelehnt worden, die SPD will eine noch höhere Aufstockung, hätte deshalb gegen den Regierungsvorschlag votiert, da müssen wir erst die Bundestagswahlen Ende September abwarten.

Allein das Wort abwarten hat für mich in Verbindung mit einem Zeithorizont, der in mindestens Monaten angegeben wird, etwas Bedrohliches. Es vermittelt erschreckende Passivität.

Nächstes, übernächstes Jahr wären wahrscheinlich wieder Beraterstellen frei. Da könnte ich mich sicherlich bewerben. Es kämen aber Berge von Bewerbungen. Ein boomender Markt. Der Demographische Wandel.

Und, unausgesprochen, bis dahin bleibt alles wie es ist.

Meine Zielvorstellung vor dem Gespräch war, ein Stunden-volumen von 40 bis 80 Std./Monat, um als freier Mitarbeiter für die AOK in den verschiedenen Unternehmen unterstüt-zen zu können. Mehr wollte ich gar nicht erreichen. Ich rechne den Arbeitstag immer noch mit 10 Stunden netto.

Ich war noch nicht einmal in der Mitte von meiner hübschen Präsentation und mein einziger Zuhörer ging mir schon wieder von der Fahne.

Ich ging hinterher, immer nach dem Motto hingehen, abho-len, einfangen und mitnehmen.

Ich würde gern als freier Mitarbeiter unterstützen, da ich das Thema gut finde.

Die Formalqualifikation, mir fehle doch die Formalqualifika-tion. Ich sollte doch noch ein Studium durchführen, wenn ich in diesen Wachstumssektor wollte.

Das war jetzt auch nicht schlecht. Ein weiterer Abstieg, vom eben noch bewerben dürfen zuerst mal studieren. Ideal für einen promovierten Ingenieur mit Mitte 50.

Der AOK Mann war sich der Tragweite seiner Äußerung wohl nicht so bewusst, denn als nächstes beklagte er sich darüber, wie wenig die Absolventen des spezifischen FH Studiengang wüssten, den es mittlerweile zu diesem The-ma an einigen Hochschulen gab. Die jungen Leuten kom-men dann her, können wenig und nehmen nur Wissen mit, wenn sie wieder weg gehen. Alle wollten ja zur AOK.

Ich fragte ihn nach seinen Leuten, die bei mir in meinem Werk unterwegs gewesen waren. 120.- € netto, bezu-schusst, standen als Stundenlohn im Vertrag.

Soziologen, Pädagogen, Psychologen und Sportwissen-schaftler hatten dieses Revier für sich erobert. Der eine total verbröselte Ingenieur, der nur einmal in meinem Werk gewesen war und wenig gesehen und verstanden hatte, verfügte natürlich über eine Zusatzqualifikation, rein formal, für die AOK.

Es war eine Totgeburt.

Ich blieb freundlich und ruhig. Ich sprach den Mann auf einen kürzlich erschienenen Zeitungsartikel, ein Interview mit einem der AOK Vorstände an, der mir gut gefallen hatte. Ja, diesen Herrn hätte er damals eingestellt. Aha, offensichtlich gab es durchaus Karrieren innerhalb der AOK, nur nicht für meinen Gesprächspartner, der wohl seit vielen Jahren stehen geblieben war.

Wer bietet denn sonst noch betriebliches Gesundheitsmanagement an, wollte ich wissen.

Ja, wir sind da schon führend. Wir sind die Größten.

Okay, jetzt war ich innerlich fertig. Schon viele vor ihm hatten gedacht, wir sind die Größten. Eitelkeit kommt vor dem Fall, weiß ein gutes Sprichwort.

Er kannte meine Moderations- und Präsentationsfähigkeiten, das bot ich an, für 10 bis 20 Stunden die Woche, für ein sinnvolles Geld. Er wusste, dass ich es besser konnte als er. Vielleicht war genau das das oder ein Teil seines Problems mit mir, seiner totalen Blockade.

Es erinnerte mich daran, was ich ihm einen Abend gegen 19.00 Uhr in einem Review Gespräch unter 4 Augen nach einem intensiven Workshop mit meinen Führungskräften gesagt hatte. Ich hatte ein Bild benutzt:

Sie, die AOK Mitarbeiter, gleiten mit ihrem Boot auf ruhigem Wasser in der Mitte des Flusses den mächtigen Strom hinunter. Wir, die Firmen Mitarbeiter, bewegen uns auf steinigem, rauem Ufer, versuchen nicht zu stürzen, die Balance zu halten und dennoch voran zu kommen. Wir hören sie, wie sie aus dem Lehrbuch ihr Wissen vorlesen, aber ohne Praxisbeispiele und ohne Bezug zu uns. Wir verstehen, was sie sagen, aber nicht wie es gehen soll.

Meine Kritik an ihn war der fehlende Praxisbezug gewesen. Dies hatte mich motiviert, es ihm anzubieten, da er es mit seinen Mitarbeitern nicht konnte.

Ich kam mit ihm diesen Vormittag nicht in einen Dialog. Das war mir lange nicht passiert.

Nach seinem stolzen Vorzeigen seiner großen, neuen Büros auf dem Weg zu seiner Etagentür riet er mir, bergab den Fahrstuhl zu benutzen, die Treppe sei so schlecht für die Kniee.

Ich antwortete ihm, er unterschätze in jeder Hinsicht meine Leistungsfähigkeit und meine Leistungsbereitschaft.

Wie naiv von mir, ihm meine Mitarbeit anzubieten. Ich prallte an dem Riesen-Apparatschik mit seinen tollen, großen, neuen Büros in feinster Stadtlage ab. Mit Ungewissheit, ob der Mann mich überhaupt verstanden hatte, trotz klarer Aussagen, fuhr ich wieder nach Hause.

Es schien wieder mal zu gelten: Nur da einer aufzeigt, wie es besser gehen könnte, muss man es noch lange nicht machen. Nachher gerät die eigene Routine und Bequemlichkeit noch durcheinander.

Mittwoch, 19. Juni

Initiativ 2

Ich schickte dieselbe kleine Kontakt-Mail wie bei Nummer 1 los, gab ein Lebenszeichen von mir, mit dem Kern

„...Ich würde mich über einen Gedankenaustausch mit Ihnen über eine mögliche Vernetzung unserer Aktivitäten, eine Kooperation oder eine zukünftige Zusammenarbeit sehr freuen...."

Geradezu blitzartig antworteten zwei der angeschriebenen Herren aus den Ingenieurbüros. Sie mussten annehmen, ich wäre in einem anderen Unternehmen aktiv, denn das war die offizielle Version meiner Ex-Firma für Externe.

Dennoch freute ich mich über die Rückmeldungen.

Gespräch Initiativ 2, Montag, 22. Juli

14.00 Uhr war ich mit dem 2. Mann aus einem Ingenieurbüro in Hannover verabredet. Ich kannte ihn und den Geschäftsführer seit 10 Jahren, da sie viel zu meinen Firmenzeiten für mein Werk und mich gearbeitet hatten. Heute bot ich ihnen meine Mitarbeit an, auf Stundenbasis oder Vollzeit, mit der Erfahrung und Seniorität eines Werkleiters.

Es war eine gute Stunde Gespräch. Es ging der kleinen Beratungsgesellschaft gut, fast zu gut, denn sie konnten sich vor Arbeit kaum retten.

Ich hatte meine Unterstützung, die nicht hundertprozentig zu dem Betätigungsfeld der Gesellschaft passte, ab Oktober, ggf. früher, angeboten, nachdem ich mit meiner Ex-Firma final auseinander war. Ich war gespannt. Zumindest hörte ich keinen Unfug wie Formalqualifikation. Wenn man 10 Jahre zusammen gearbeitet hat, kennt man sich. Das ist entscheidend.

Bei 34° Außentemperatur fuhr ich offen, alles unten, Scheiben und Windschott, zurück, geradezu himmlisch, denn nach *„Stairway to heaven"* lief *„Knocking on heavens door"* im Radio.

Ende September nahm ich den freundlichen Kontakt wieder auf und es gab noch ein weiteres Treffen, zusammen mit einem neuen Spieler. Alles liegt nach Redaktionsschluss dieses Buches, ist aber in der Folgegeschichte zu erfahren

Mittwoch 19. Juni

Initiativ 3

Und die dritte und letzte Initiativbewerbung an diesem Mittwoch.

Sie wissen schon, *„...Gedankenaustausch mit Ihnen...Vernetzung unserer Aktivitäten, Kooperation oder eine zukünftige Zusammenarbeit...".*

Auch dieser Herr war mit seiner Antwort ganz schnell.

Gespräch Initiativ 3, Dienstag, 30. Juli

Um 11.00 Uhr hatte ich mich mit dem Prokuristen eines mittlerweile auf 50 Mitarbeiter angewachsenen Ingenieur-Büros verabredet. Ich wollte meine Industrie-Führungs-Expertise und Erfahrung, mich selbst, verkaufen, auch wenn diese inhaltlich nicht in das Portfolio des Unternehmens passte.

Wir unterhielten uns 1,75 Stunden und hatten wie immer einen guten Draht zueinander. Er würde mit dem Inhaber sprechen.

Mein ausgelegter Köder war, für jeden Auftrag, den ich so als selbständiger Berater bekam, eine Vermittlungsgebühr zu entrichten.

Telefonat Initiativ 3, Dienstag, 20. August

17.00 Uhr klingelte wieder mein Mobil, das nur für die Bewerbungsaktivitäten da war. Sonst gibt es andere Telefonnummern, wo ich mich mit einem freundlichen *„Hallo"* oder *„Ja"* melde.

Eine Dame, eine Assistentin, von einem Ingenieur-Büro war dran, dessen Name mir gar nichts sagte. Ich fragte sie, ob ich gerade eine Gedächtnislücke hätte und sie diese freigelegt hat. Nein, hatte ich nicht. Sie erklärte den Kontakt.

Der Inhaber des Ingenieurbüros war noch in anderen Firmen als Gesellschafter aktiv.

Wir vereinbarten ein Treffen übernächste Woche, wo ich mich mit den beiden entscheidenden Herren der beiden Ingenieur-Büros zusammen an einen Tisch setzen wollte.

Da sollte doch was Greifbares rauskommen.

Am Tag drauf kam mittags wie verabredet die schriftliche Einladung zu einem Treffen mit den beiden Geschäftsführern der Ingenieurbüros. In die avisierte Gesprächsrunde war noch eine Dame mit hinzugekommen, die ich noch nicht einordnen konnte.

Ich hatte mir gestern nach dem Anruf das Leistungsspektrum des zweiten Ingenieurbüros angesehen. Es war spezialisiert auf Prozesssteuerungen und Industrieautomation. Blieb es dabei, war ich keine sinnvolle Unterstützung.

Masterfrage: Hatten die beiden mein persönliches Leistungsangebot erhalten?

Ich wollte keine dummen Überraschungen bei unserem persönlichen Treffen und in Konsequenz einen verbrannten Tag erleben. Um sicher zu gehen, entschied ich mich, meine Beratungs-Skizze auf 4 Seiten PowerPoint vorab mit einem Danke schön hinzuschicken.

Kurz überlegte ich meinen Lebenslauf mit beizufügen, ließ es aber dann. Es hätte ein zu großes Ungleichgewicht im Vorfeld des Gesprächs signalisiert.

Es gab 2 entscheidende Fragen: wollten die Ingenieurbüros mit zusammen rund 90 Mitarbeitern und vermeintlich gut etabliert ihr Angebot unter eigener Flagge erweitern oder würden sie mich ggf. ihrem Kundenstamm gegen einen zu vereinbarenden Obolus vermitteln.

Wieder eine völlig neue Situation. Mein Einsatz: Zeit und 400 km Autofahrt.

Gespräch Initiativ 3, Dienstag, 3. September

7.50 Uhr startete ich Richtung Westen mit Ziel Lingen an der Ems. Die A2 war okay, so wie immer in der letzten Zeit. Dann kam das vermurxte Stück direkt durch Bad Oeynhausen. Ohne Interna der Stadt- bzw. Verkehrsplanungen zu kennen, ist es gerade für einen Kurort nicht nachvollziehbar, wie sich hier jeden Tag rund 50.000 Kraftfahrzeuge mit einem zulässigen Gesamtgewicht bis 40 Tonnen durchstauen können. Endlich war die Stadtumgehung im Bau, um von der A2 auf die A30 zu kommen. Diskutiert wurde diese seit den 1970ern.

Bauarbeiten schien auch das Stichwort für die A30 zu sein. Es gab 3 Baustellenabschnitte, teilweise längere mit maximal erlaubten 60 km/h. Zum Glück war relativ wenig Verkehr. Die letzten 30 km gingen über eine topasphaltierte Bundesstraße, die B70. Achtung, es gibt mehrere festinstallierte Blitzer in den 70 km/h Abschnitten. Natürlich in diesen Bereichen, sonst würde es sich ja nicht lohnen.

9.40 Uhr stieg ich aus dem Auto. 20 Minuten vor dem Termin anzukommen ist ideal. Man kann nochmal frische Luft holen, ein paar Schritte gehen und meldet sich dann 10 Minuten vor der Zeit am Empfang an.

Meine Gesprächsrunde trudelte nach und nach ein. Es waren die 3 in der Einladung genannten, eine Dame und 2 Herren, alle in Freizeitkleidung. Auch die mir unbekannte Dame war eine Geschäftsführerin eines weiteren Ingenieurbüros. Mein dunkelgrauer Anzug mit trendiger hellblauer Krawatte mit klassischen Diagonalstreifen passte nicht. Dies war jedoch nicht das einzige, was nicht zusammenging.

Ich hatte bewusst vorher meine Beratungs-Skizze rübergeschickt, die meine Inhalte deutlich machte und darum gebeten, bei Fragen anzurufen.

Nichts war geschehen, mehrfach nichts, denn die 3 hatten nichts für das Gespräch vorbereitet. Jeder hatte nur artig meine 4 Seiten ausgedruckt. Die hatte jeder dabei, aber nicht verstanden. Es ging um Produktion, Produktionsverbesserungen, Methoden dazu, das Toyota Production System, Lean Management und so weiter, nicht nur technologisch, sondern eben mit den Mitarbeitern. Das war meine Botschaft, das kann keiner mit 30, das braucht Erfahrung.

Stur norddeutsch kam eine Unterhaltung nur stockend in mäßigen Gang. Die 3 verantworteten 3 Firmen, 3 GmbHs mit zusammen fast 100 Mitarbeitern und wollten am liebsten von mir neue Kundenadressen haben, denn alle hatten noch Luft, suchten nach Aufträgen. Das wunderte mich bei diesen Geschäftsführern nicht.

Am liebsten hätte ich die Runde gefragt, ob sie meinten, ich könne mich sonst nicht beschäftigen, denn es war irgendwie hoffnungslos und wir kamen nicht weiter. Ich hatte es noch auf der Hinfahrt für denkbar gehalten, dass eventuell eine Gesellschaft mit mir ihr Dienstleistungsspektrum in puncto Beratungsleistung erweitern wollte. Warum denn nicht.

Nach furchtbar zähen und trägen 1,5 Stunden setzte ich mich wieder in den Wagen und begab mich auf die Rückfahrt, machte nicht mehr einen Spaziergang durch die 50.000 Einwohner Stadt Lingen, die ich nicht kannte. Dazu war ich nicht in der Stimmung.

Wir würden in Verbindung bleiben war die einzige getroffene Verabredung. Freundliche Angebote, doch mal zu einem ihrer Kunden mitzufahren, sozusagen als Überraschungsgast, lehnte ich aufgrund der dann sichtbar fehlenden Professionalität ab. Man überrascht keinen potentiellen Kunden und fragt dann auch noch, ob er eine weitere Beratungsleistung haben und bezahlen möchte.

In Bad Oeynhausen war der Verkehrskollaps dadurch perfektioniert, dass über 80% der Ampeln immer vor den zweispurig anrollenden Auto- und Lkw-Lawinen auf Rot sprangen. Was für ein Irrsinn.

Zurück in Hannover war der Diesel 8 Cent günstiger als morgens. Sonst gab es über diese 6 Stunden wenig Positives für dieses Protokoll.

Mail Initiativ 3, Donnerstag, 12. September

Kurz vor 8.00 Uhr schrieb ich eine freundliche Mail ins Emsland, um zum einen den Kontakt zu halten, zum anderen zu verhindern, dass die 3 Geschäftsführer voreilig und eventuell sogar noch in meinem Namen irgendwas Unfertiges zu einem Unternehmen weitergaben.

Und auch hier gibt es eine Fortsetzung und ein weiteres Treffen nach Redaktionsschluss und damit im nächsten Buch.

Sonntag, 7. Juli

Zurück aus dem zweiwöchigen Urlaub hieß es, neben einer Dauerbelastung für Waschmaschine und Trockner, die Stellenangebote nachzuarbeiten. Die Mails hatten wir mobil mitverfolgt und es gab keinen Rückstand an wichtigen, beantwortungswürdigen und zukunftsorientierten Schriftverkehr.

Nach 2,5 Stunden im Internet und Sichtung von vielen, ungezählten Angeboten, trotz eines entsprechenden Suchfilters, hatte ich 4 Vakanzen aussortiert.

Ich stellte drei Bewerbungen auf meine Sucherfolge vom letzten Freitag fertig und schickte diese elektronisch auf die Reise. Alle 3 Werkleitungsvakanzen suchten nicht wirklich mich, aber ich wollte, wie immer, nichts unversucht lassen.

Bewerbung 38: Werkleiter, NRW

Ein international agierender Zulieferer im Ruhrgebiet, mehr als 1.000 Mitarbeiter, 20 Tochtergesellschaften, familiengeführt, suchte einen Werkleiter für ein nicht näher spezifiziertes Werk für Kupplungs- und Getriebebau.

Internationaler Werkleiteraustausch, 10 % Reisetätigkeit, Vorreiterrolle mit dem deutschen Werk, das las sich spannend, auch wenn ein Mann mit Erfahrungen im Bereich Sondermaschinenbau der Idealkandidat war.

Unter den Anforderungen an die gesuchte Person hatten die Berater recht schräg formuliert: *„ausgeprägtes Führungspotenzial"* war erwünscht und *„sie übernehmen Verantwortung für ihr Werk und führen ziel- und resultatsorientiert, hands-on und in Vorbildfunktion und können ihr Team schnell überzeugen und für sich und ihre Ideen begeistern."*

Und, und, und, ein Kessel Buntes. Einschlägige Führungsverantwortung und die ergebnisverantwortliche Leitung in Vorbildfunktion hätten es getan.

In meiner Praxis habe ich es stets vermieden, Mitarbeiter zu *über-zeugen.* Saubere Kommunikation und Sinnvermittlung funktioniert bei den meisten und *über-zeugen* war schon immer schlecht.

Die Eingangsbestätigung kam sofort, automatisch.

„Vielen Dank für Ihre Nachricht. Wir werden Ihr Anliegen schnellstmöglich bearbeiten.

Ihre Bewerbungsunterlagen werden in Kürze dem/der verantwortlichen Berater/in zugehen.

Für Fragen zu ausgeschriebenen Positionen steht Ihnen unser Team unter der in der Ausschreibung angegebenen Telefonnummer sehr gerne zur Verfügung.

Mit freundlichen Grüßen

Best Regards,

xxx GmbH"

Ist das Fortschritt oder unwürdig gegenüber den Bewerbern, dieser sterile wertlose Mail-Reflex.

Mail 38, Donnerstag, 8. August

4 Wochen war es her, dass ich ein Anschreiben und meinen Lebenslauf, so war es in der Ausschreibung gewünscht, auf eine Werkleitung in Nordrhein Westfalen weggeschickt hatte. Obwohl es an eine renommierte Personalberatung gegangen war, hatte ich außer dem Automatismus nichts weiter gehört, keine Eingangsbestätigung des Personalberaters, nichts.

Aus Erfahrung wusste ich, dass 4 Wochen eine Art zeitliche Schwelle sind. Hat man bis dahin nichts gehört, gibt es irgendwann eine Absage.

Passend zu meiner Schwellen-Theorie kam eine Mail herein.

„Sehr geehrter Herr Dr. J.,

bezüglich Ihrer Bewerbung möchten wir Ihnen mitteilen, dass sich der Entscheidungsprozess noch etwas verzögern wird.

Wir bitten Sie daher um ein wenig Geduld.   "

Frei übersetzt hieß dies, die Bewerbungsgespräche laufen, aber es hat noch keiner unterschrieben und erst danach sagen wir allen anderen ab.

Von derselben Beratungsgesellschaft, ebenfalls Büro Düsseldorf, sah ich im Internet kurz darauf beim üblichen Suchen noch eine andere Werkleitungsvakanz.

Aus dem Münchener Büro dieser Gesellschaft hatte ich am 10. Dezember letzten Jahres einen freundlichen Absagebrief (Bewerbung 3) erhalten in dem stand:

„Wir möchten gerne weiterhin mit Ihnen in Kontakt bleiben, um gegebenenfalls im Rahmen einer anderen Position mit Ihnen ins Gespräch zu kommen."

Ohne zu wissen, wie dieses *in Kontakt bleiben* sich praktisch auswirken sollte, entschied ich mich, noch eine neue Bewerbung fertigzustellen, da offensichtlich keine Datenbank-Recherche bei der Beratungsgesellschaft sicher anzunehmen war. Dann wäre ich entweder nicht der Idealkandidat gewesen oder ich hätte eine Kontakt-Mail bekommen müssen, einwandfreie Arbeit des zuständigen Vermittlers unterstellt.

Und auf diese Bewerbung hörte ich nie wieder etwas, aus keinem der Büros in Deutschland.

Sonntag, 7. Juli

Bewerbung 39: Werkleiter, Hamburg

Das nächste Unternehmen war eine Nummer größer, 4.000 Mitarbeiter weltweit, 60 Tochtergesellschaften, älter als 100 Jahre. Ein Verpackungshersteller, der selber suchte. Die

Branche passte, nicht der Werkstoff, kein Metall, sondern Kunststoff.

Und das Werk war klein, 100 Mitarbeiter. Wieder lief alles in einer Matrixorganisation. Irgendwas war an dem Standort vorgefallen oder sollte vorfallen. Der kurze Anzeigentext quoll geradezu über vor lauter Lean Manufacturing. Die weit verbreitete Missinterpretation von Lean lautet nur wenige Leute, am besten gar keine Mitarbeiter.

Ich war nicht der Gesuchte, FH/TH oder eine vergleichbare Ausbildung sollten es sein. Also gab es meinen Standard-Bewerbungs-Brief, ohne Schnörkeleien und individuelle Extras.

Die Eingangsbestätigung kam per Vollautomatik, an einem Sonntag beantwortet.

Absage 39, Dienstag ,20. August

Alles war sehr höflich und sachlich, von dem Unternehmen selbst. Damit hatte ich gerechnet. Das Werk war zu klein, ich zu alt und damit zu teuer und kein Kunststoff-Mann.

Nachsatz: auch bei meinem späteren Redaktionsschluss für diesen Insider-Bericht suchte das Unternehmen immer noch mit derselben Anzeige einen neuen Werkleiter. Mein Absageschreiben hatte schon den üblichen Passus enthalten, dass „*es Bewerber gab, die den spezifischen Anforderungen der Position noch besser gerecht werden*". Irgendwas war dort wirklich wohl sehr speziell, um das Wort oberfaul zu vermeiden.

Sonntag, 7. Juli

Die dritte Bewerbung auf eine Werkleiter Vakanz an diesem Sonntag.

<u>Bewerbung 40: Werkleiter, Großbodungen</u>

Auch dieses Unternehmen suchte selbst, war sogar schon 150 Jahre aktiv und in seinem Segment Weltmarktführer.

Für das 100-Mann Werk in Thüringen suchte es einen ergebnisverantwortlichen Werkleiter mit direkter Berichtslinie an die Geschäftsführung des Hauptsitzes.

Die Anzeige war exzellent, strukturiert, klar, alles drin, was hinein gehörte. Ein Beispiel für all die Personalberatungen, die aus dem und, und, und bei den gewünschten Eigenschaften des Kandidaten gar nicht mehr herauskommen. So eine Anzeige war Bewerbung 38 gewesen. Und wenn sie sich so intensiv mit derartigen Ausschreibungen beschäftigen, haben sie diese Gedanken, gerade bei 3 Werkleitungsvakanzen hintereinander. Es spart ihnen Zeit und Energie, wenn die Ausschreibung klar strukturiert und präzise ist und nicht den Stil eines Groschenromans aufweist.

<u>Absage 40, Montag, 8. Juli</u>

Damit waren wieder einmal Zeit und Überlegungen zu dem Ort im wilden Osten vergebens gewesen.

Montag, 22. Juli

Bewerbung 41: Geschäftsführer, Wuppertal

Eine renommierte Personalberatung suchte für eine Tochtergesellschaft einer internationalen Gruppe in Altersnachfolge einen Geschäftsführer. Metallverarbeitung, Beschläge für die Möbelindustrie, gut, das waren große Stückzahlen, so wie ich es gewohnt war.

Die restlichen Anforderungen konnte ich ebenfalls abdecken. Außerdem gab es eine Besonderheit: ich kannte den zuständigen Berater bereits. Im November 2010 hatte ich mich nachmittags in Hamburg am Flughafen mit dem Herrn zu einem Gespräch getroffen. Seiner Zeit suchte er einen Geschäftsführer für einen Mittelständler im Ost Harz, mit tief roten Zahlen. Ich hatte damals meine Bewerbung nach dem Gespräch auch aufgrund anderer unschöner Randbedingungen zurückgezogen.

Die Eingangsbestätigung kam am selben Tag. Der Bewerber hatte ein Widerspruchsrecht, wenn er mit der elektronischen Verarbeitung der persönlichen Daten nicht einverstanden war.

Absage 41, Mittwoch, 7. August

Auch mit der Assistentin hatte ich vor gut 2,5 Jahren seiner Zeit mehrfach telefoniert. Heute schickte sie einen superfreundlichen und höflichen Brief. Sehr schade, diese Position in Wuppertal hatte sehr, sehr passend zu meinem Werdegang geklungen.

Es mag banal klingen, aber Absagen auf Vakanzen, in denen man sich wirklich objektiv gesehen hat, sind besonders bitter.

Es erleichtert die Absage, wenn, wie hier, ein würde- und respektvoller Brief übersandt wird.

Montag, 22. Juli

<u>Bewerbung 42: Geschäftsführer, Hamburg</u>

Ich gebe zu, diese Vakanz passte fachlich nicht. Ein 150 Mann Unternehmen des Rohrleitungssystembaus suchte eine neue Nummer 1. Das ansonsten klar strukturierte Manager-Anforderungsprofil konnte ich gut erfüllen. Also versuchen.

Beauftragt mit der Suche war eine lokale Wirtschaftsprüfungsgesellschaft. Wer nicht alles für eine Geschäftsführersuche qualifiziert ist oder besser, damit beauftragt wird.

<u>Absage 42, Mittwoch, 7. August</u>

In dem sachlichen Schreiben stolperte ich über

„ *Ihre Bewerbungsunterlagen haben wir vollständig an unseren Mandanten weitergeleitet. Im Ergebnis der dortigen Durchsicht und Prüfung, konnte Ihre Bewerbung für den weiteren Auswahlprozess nicht weiter Berücksichtigung finden.* "

Geradezu reflexartig dachte ich, wieso *„konnte meine Bewerbung für den weiteren Auswahlprozess nicht weiter Berücksichtigung finden"*.

Außerdem hätte ein weiter gereicht.

Wenn andere Kandidaten, aus Gründen die ihr mir nicht sagt oder schreibt, besser zu dem kompletten Profil, das ich nicht kenne und nur ihr kennt, passen, dann ist das so.

Nur es ist definitiv auch so, dass dies nicht meine Verantwortung ist, dass euer Mandant nicht kann oder konnte. Und gemeint ist wie immer, dass er es nicht wollte.

Das Positive war, endlich und erstmals wurde mir mit einer Absage mitgeteilt, dass meine persönlichen Daten gelöscht werden. *„Ihre Bewerbungsunterlagen werden wir ordnungsgemäß in der vorgeschriebenen Frist des Bundesdatenschutzgesetzes löschen.“*

Ob es wirklich durchgeführt wird, erfährt man nie, aber immerhin.

Montag, 22. Juli

Bewerbung 43: Leiter der Städtischen Betriebe Minden, Minden

Dies war eine besondere Stelle, nicht in der Industrie, sondern in einer 80.000 Einwohner Stadt wurde der Leiter der Städtischen Betriebe gesucht. 240 Mitarbeiter sollten geführt werden, in einer kleinen Stadt, das war erstaunlich viel.

Die Anzeige war Anfang Juli eingestellt worden mit einem Bewerbungsfristende am 8. September. Das war Zeit zum Überlegen.

Sicherlich hatte ich mein Berufsleben nicht gerade darauf ausgerichtet, aber einen Versuch war es mir wert.

Dies brauchte einen neuen Brief. Ich entschied mich für den Stil Kanonenaufschlag mit Menschenbezug, ausnahmsweise 2 Seiten lang, nicht die 1, wie sonst:

Bei Städtischen Betrieben dachte ich an die Steuergeldvernichter mit den orangen Autos, die 20 Minuten nach Dienstantritt völlig ungeniert in ihrer Berufskleidung in Horden die Bäckereien mit Stehcafes bevölkern, um dann nach einer Stunde zur Frühstückspause zu fahren. Totaler Stress und der eine ausländische Mitarbeiter der Gruppe macht die Arbeit.

Rubrik „Kannst du mir mal helfen tun?!"

Das wäre sicherlich das spannendste Vorstellungsgespräch aller Zeiten. Verblüffend fand ich, dass sogar die Stadt ihr Personal nicht selber suchte, sondern auch wieder einen Personalvermittler als arbeitenden Filter dazwischen gesetzt hatte.

Die Eingangsbestätigung kam umgehend und war sehr freundlich. Die Absage folgte nach Redaktionsschluss, am 12. November. Also kein spannendes Gespräch.

Donnerstag, 25. Juli

Es gilt Fristen zu wahren. Bis Ende Juli hatte ich mich bei der Arbeitsagentur zu melden, da mein Arbeitsvertrag, bzw. die 12 Monate Kündigungsfrist, Ende Oktober endete. Das war der Status Quo. Den Rest würde das Arbeitsgericht entscheiden.

Aber diese sehr spezielle und umfangreiche Geschichte kommt später in diesem Buch.

Montag, 29. Juli

Der Tag begann mit 2 Bewerbungen auf Vakanzen, die nicht hundertprozentig meinen Wünschen entsprachen. 7.30 Uhr waren sie fertig und je knapp 5 MB verteilt auf je 3 Dateien, Anschreiben, Lebenslauf und Zeugnisse, gingen auf ihre Reise via E Mail.

Bewerbung 44: Geschäftsführer Produktion und Technik, Nürnberg

Bei einem großen internationalen Konsumgüterhersteller wurde über eine Personalberatung im Rahmen einer Altersnachfolge ein neuer Verantwortlicher für Produktion und Technik gesucht, 600 Mitarbeiter an 3 Standorten in Deutschland und Österreich.

Mein Maximum an Mitarbeiterverantwortung war 450 gewesen, das Revier passte, die Stelle war sicher gut dotiert, also schrieb ich hin.

Nur 2 Tage später kam die Absage. Das war zwar bitter schnell, aber okay, so lief der Prozess.

Der Brief war inhaltlich ebenfalls okay, mit einem üblichen Text. Schaute man sich das Erscheinungsbild an, würde ich jedem Bewerber abraten, so ein ausgefranstes Ding loszusenden. Die rechte Seite des Textes sah aus, als ob die Mäuse dran geknabbert hätten.

Meine Bewerbungsschreiben waren immer im Blocksatz formatiert, in blau von Hand unterschrieben, mit Vor- und Zuname, und anschließend eingescannt. Das dazu.

Aber selbst derartige Absagen lagen mittlerweile eher im positiven Bereich, denn von vielen Bewerbungen hörte oder las ich einfach nichts mehr. Sie wissen nicht, was mit ihrem Lebenslauf und ihren persönlichen Daten angestellt worden war und was nicht.

Viele Personalvermittler sind vergleichbar mit einer Arztpraxis oder einer Behörde vor 20 Jahren, die ohne jedes Zeitmanagement arbeiteten, und das Wort Kunde noch nie gehört hatten. Der Warteraum wurde vollgestopft, immer rein, auch wenn keine Stühle und kaum mehr Standfläche frei waren, dann wurde aus dem Vollen geschöpft, wie es seiner Herrlichkeit dem Arzt in Weiß gefiel. Bei einem Orthopäden in Hannover kann man diese Praxis in seiner Praxis auch heute noch erleben.

Nur viele dieser heutigen Personalvermittler sind noch viel schlechter, denn sie sagen ihren Bewerbern nicht, wenn für heute Schluss ist, Feierabend, nichts geht mehr. Wann es heißt, morgen wiederzukommen, auf die nächste, hoffentlich wirklich verfügbare Vakanz. Wieder anstehen in der langen Reihe der Tagelöhner, von denen die gerade gewünschte Anzahl nach herrschaftlichen Belieben genommen wird, um eine erste Short List zu erstellen.

Montag, 29. Juli

Und die zweite Bewerbung diesen Montagmorgen.

Bewerbung 45: Managing Director, Niederwerbig

Eine Gesellschaft in Brandenburg mit 100 Mitarbeitern suchte einen Werkleiter und einen Geschäftsführer. Es schien an diesem Standort südwestlich von Potsdam, so wie es zu erwarten war, alles neu zu sein. Das spiegelte die Anzeige wider. Jetzt wurden gleichzeitig und getrennt voneinander die beiden neuen ersten Mitarbeiter gesucht. Der Gesellschafter war englischsprachig. Englisch war die Reporting-Sprache der Firma.

Ich bewarb mich, mit meinem Ist-Gehalt. Wenn ich in das Dorf gehen würde, zusammen mit den 3 Nachbargemeinden waren es weniger als 1.000 Einwohner, war das nur zum Arbeiten. Da musste dann wenigstens die Kasse stimmen.

Gesprächseinladung 45, Freitag, 2. August

Nachmittags um 16.00 Uhr kam eine Einladung zu einem Gesprächstermin vom letzten Montag, die Geschäftsführung im Dauer-Sonderförderungsgebiet Ost, 50 km südwestlich von Potsdam.

Wie bereits angerissen, suchte die Firma zeitgleich einen Geschäftsführer und einen Werkleiter, 2 neue Leute auf einmal, getrennt voneinander gesucht, die aber dann zusammen das Unternehmen leiten sollen. Dies war zumindest ungewöhnlich, wenn nicht gar unsinnig.

Die Einladung zum Interview kam von einem Sales Manager. Das war nochmal sehr unüblich.

Gleich zu Beginn, als zweiter Fehler in der ersten Zeile, war mein Namen falsch geschrieben.

„Sehet geehrter Herr Dr. J.,

hiermit laden wir Sie recht herzlich zum Vorstellungsge-spräch am 19. August um 12:00 in unsere Firmenzentrale in Niederwerbig ein.

Ihr Gesprächspartner wird unser Gesellschafter Herr Z. A. sein.

Wir möchten Sie darauf hinweisen, dass die Kosten für An-reise, evtl. Übernachtung nicht von uns übernommen wer-den.

Bitte bestätigen Sie uns diesen Termin kurz per E-Mail.

Mit freundlichen Grüßen/Best Regards

R. T.

Sales Manager"

Und die Firma wollte mal wieder alles gratis haben. Für den Bewerber 1 kompletter freier Tag und von Hannover aus 5 bis 6 Stunden in Summe Autofahrt, staufreies Fahren an-genommen.

Nachfrage 45, Sonntag, 4. August

Morgens um 8.15 Uhr schickte ich meine Antwort zurück.

„Guten Tag Herr T.,

ich bedanke mich für die Einladung zu einem persönlichen Gespräch mit Ihrem Gesellschafter Herrn Z. A..

Aus Sicht meiner Termine, kann ich den Montag, den 19. August, ermöglichen.

Im Stile seriöser Unternehmen erwarte ich, dass mir meine Reisekosten gemäß dem allgemein üblichen Standard von 0,30 €/km erstattet werden.

Bitte berücksichtigen Sie dabei, dass ein Urlaubstag deutlich „teurer" ist.

Bitte übersenden Sie mir eine dementsprechende vollumfängliche Bestätigung bis spätestens Mittwoch, den 7. August. Ich werde solange den 19. August reservieren.

Mit freundlichen Grüßen

Dr. Max. S. Justice"

Mail 45, Montag, 5. August

Nachmittags meldete sich nicht der Verkäufer auf meine Mail vom Sonntag, sondern eine Dame, von einer anderen Firma.

„Sehr geehrter Herr Dr. J.,

herzlichen Dank für Ihr Interesse an der Stellenausschreibung für einen Managing Director bei der xxx GmbH.

Sie erhalten diese Nachricht von der yyy GmbH in Köln, da die xxx GmbH mit Sitz in Niederwerbig genau wie die yyy GmbH zu einer Gruppe von Unternehmen gehört, die in Besitz des gleichen Gesellschafters sind. Wir unterstützen unsere Kollegen von hier aus im Bewerbungsverfahren.

Um das Verfahren insgesamt zu beschleunigen, haben wir in Zusammenhang mit Ihrer Bewerbung noch eine Bitte an Sie.

Könnten Sie uns kurzfristig Ihren Lebenslauf bzw. Ihre Bewerbung in Englischer Sprache übermitteln?

Das wäre sehr hilfreich. Im Voraus vielen Dank.

Mit freundlichen Grüßen / With kind regards,

D. S.

Assistentin der Geschäftsleitung

yyy GmbH

P Help save paper - are you sure you need to print this email?"

Es wurde immer kurioser.

20.15 Uhr schrieb ich ihr zurück, den Schriftwechsel mit dem Sales Manager beigefügt.

„Guten Tag Frau S.,

ich bedanke mich für Ihr Schreiben.

Bitte lesen Sie beigefügten Mail-Verkehr.

Letzten Freitag bin ich bereits zu einem Gespräch mit Ihrem Gesellschafter eingeladen worden.

Bitte klären Sie hausintern alles ab, auch meine inhaltlichen Punkte an Herrn T., und kommen zeitnah wieder auf mich zu.

Danke und mit freundlichen Grüßen

Dr. Max. S. Justice"

Mittags kam diese Mail herein.

„Sehr geehrter Herr Dr. J.,

selbstverständlich ist uns bekannt, dass Sie bereits eine Einladung zu einem Gespräch am 19. August in Niederwerbig haben und wir freuen uns darauf, Sie kennen zu lernen.

Herr A. möchte sich natürlich auf die einzelnen Gespräche vorbereiten. Da Herr A. kein Deutsch spricht, ist es sehr hilfreich, wenn Sie uns Ihren Lebenslauf entsprechend in Englisch zur Verfügung stellen könnten.

Wir möchten Sie bitten, diesem Wunsch zu entsprechen.

Bitte haben Sie dafür Verständnis, dass die Erstattung von Reisekosten in Bewerbungsverfahren unabhängig von der ausgeschriebenen Position bei uns grundsätzlich nicht üblich ist.

Mit freundlichen Grüßen / With kind regards,

D. S.

Assistentin der Geschäftsleitung

yyy GmbH

P Help save paper - are you sure you need to print this email?"

Eigen-Absage 45, Mittwoch 7. August

Ich hatte mich mittlerweile über das in Deutschland aufgebaute Firmenimperium des in Köln lebenden Herrn aus Afghanistan im Internet schlau gemacht. Wieso hatte er die deutsche Sprache nicht gelernt? Wenn ein Land zum Geld verdienen gut ist, sollte man doch die Sprache lernen. Wie wollte der Mann sich hier integrieren? Neben den Fragwürdigkeiten bisher war ich nicht bereit, mir Zeit und Fahrtkosten ans Bein zu binden. Ich entschied mich, hier selbst abzusagen.

Abends schrieb ich ebenso inhaltsleer zurück, wie ich selbst die meisten Absagen bekam.

„Sehr geehrte Frau S.,

unter diesen Randbedingungen ziehe ich meine Bewerbung zurück.

Bitte löschen sie meine persönlichen Unterlagen.

Mit freundlichen Grüßen

Dr. Max. S. Justice"

Wenn die Dame fälschlicherweise jetzt dachte, das Englisch sei die störende Randbedingung, dann sollte sie es. Englische Unterlagen waren natürlich fertig. Das Zumailen wäre eine Sache von Sekunden gewesen.

Mail 45, Donnerstag, 8. August

Die Dame, der ich gestern abgesagt hatte, da die Firma mir keine Reisekosten bezahlen wollte und mir das Firmenimperium irgendwie suspekt schien, antwortete tatsächlich nochmal.

„Sehr geehrter Herr Dr. J.,

Ihre Absage bedauern wir und wünschen Ihnen für die Zukunft alles Gute.

Gerne bestätigen wir Ihnen, das vollumfängliche Löschen Ihrer persönlichen Unterlagen.

Mit freundlichen Grüßen / With kind regards,

D. S.

Assistentin der Geschäftsleitung

yyy GmbH

P Help save paper - are you sure you need to print this email?"

Dienstag, 6. August

Bewerbung 46: Geschäftsführer, Raum Bielefeld

Abends schickte ich noch eine Bewerbung auf eine Geschäftsführung in Bielefeld auf die Reise, wie fast immer über einen Personalvermittler, diesmal einen, den ich noch nie in irgendwelchen Inseraten gesehen hatte. Die dazugehörige Internetseite wirkte wie 1. Klasse Volksschule.

Eigentlich wurde ein Kunststoffmann gesucht. Aber ich kannte mich, wie bereits gesagt, mit komplexen Werkzeugen aus, nicht zum Spritzgießen, sondern zum Stanzen und Umformen, und hatte lange in der Zeit als Technischer Leiter einen Werkzeugbau mit Konstruktion mit verantwortet.

Mein Knock Out würde wahrscheinlich die fehlenden *„Kenntnisse im Geschäft mit Automotive Kunden"* sein.

173

Ich versuchte es trotzdem. Und hörte nie etwas auf mein Schreiben, obwohl die Mail korrekt übermittelt worden war.

Donnerstag 8. August

Bewerbung 47: Werkleiter, NRW

Eine größere Werkleitung bei einem internationalen Zulieferer der Automobilindustrie.

Auch wenn ich inhaltlich das Anforderungsprofil voll abdeckte, gab ich mir nur sehr geringe Chancen, denn Automotive sucht nur Automotive Manager, selbst wenn es, wie in dieser Ausschreibung, nicht als notwendige Voraussetzung ausgewiesen war.

Die Eingangsbestätigung kam nichtssagend automatisch, die Absage nach 6 Tagen. Das war bitter. Der Brief war modern in Fremdbestimmung gehalten, es konnte wieder einmal jemand nicht, und bestätigte wieder einmal meine Inzucht-Einschätzung der Branche.

Dienstag, 13. August

Bewerbung 48: Geschäftsführer, Südniedersachsen

Ein 50 Mann Laden suchte den 2. Geschäftsführer, einer war schon da. Was sollte da noch ein zweiter, bei so einer kleinen Firma?

Aber der Internetauftritt der Personalberatungsagentur mit 30 Standorten bundesweit animierte mich zu der Bewerbung. Nach einer erwarteten Absage würde ich meine Daten in den Kandidaten-Speicher aufnehmen lassen, wenn es möglich war.

Absage 48, Dienstag, 29. Oktober

Es war das erste, das allererste Mal, dass ich etwas auf diese Bewerbung als Reaktion lesen konnte. Es hatte keine Eingangsbestätigung, weder automatisch, noch handgemacht gegeben, nichts. Jetzt gab es gleich die Absage. Das war minimalistisch.

„Sehr geehrte Dame, sehr geehrter Herr,

zunächst bedanken wir uns noch einmal für die Übersendung Ihrer Bewerbungsunterlagen für die von uns ausgeschriebene Position „Geschäftsführer Nahrungsmittelindustrie" und Ihr Interesse.

Unser Mandant hat sich leider vor dem Hintergrund unternehmensinterner Veränderungen entschlossen, die Position in dieser Form nicht zu besetzen.

Wir bedauern, Ihnen aufgrund dieser Entwicklung eine Absage erteilen zu müssen, die in keiner Weise eine Beurteilung Ihrer Qualifikation darstellt.

Um Sie bei alternativen durch uns zu besetzenden Vakanzen wieder ansprechen bzw. berücksichtigen zu können, möchten wir Ihre Unterlagen gerne unter Einhaltung der Datenschutzbestimmungen in unserer eigenen Datenbank speichern. Sollten Sie hiermit nicht einverstanden sein, senden Sie uns diese Mail einfach zurück.

Für heute wünschen wir Ihnen beruflich wie privat alles Gute und weiterhin gutes Gelingen.

Mit freundlichen Grüßen

xxx Unternehmerberatung GmbH

xxx HR Consulting Group xxx"

Gleich der erste Satz war nicht korrekt. *„Zunächst bedanken wir uns noch einmal für die Übersendung Ihrer Bewerbungsunterlagen...".*

Ohne *„noch einmal"* wäre es richtig gewesen.

Immerhin war für mich die Absage glaubhaft. Bereits bei meiner Bewerbung hatte ich mich gefragt, wie und vor allen Dingen wozu, ein 50 Mann Laden sich 2 Geschäftsführer leisten sollte. Und mein Sekundärziel, in die Datenbank zu kommen, hatte ich erreicht.

Ein weiteres Plus: der Datenschutz war hier kein Fremdwort und wurde berücksichtigt. So sollte es überall sein.

Dienstag, 13. August

Bewerbung 50: Werkleiter, Raum Leipzig

Es klang bzw. las sich sehr klein. Ein typisches Werkleitungsanforderungsprofil in einem deutschen Unternehmen, das Kunststoff und Metall verarbeitete.

Keine Mitarbeiterzahl, keine Berichtslinie, keine Altersnachfolge. Es blieben viele Fragezeichen. Ebenso zur Personalberatung aus Hamburg. Ich kannte sie nicht. Die Eigenmotivation sagte: Klein kann auch fein sein, na hoffentlich.

176

Es dauerte keine 15 Minuten bis ich eine Eingangsbestätigung bekam, gezeichnet von einer Vertretung. Das war
eine schnelle Vertretung.

Telefonat 50, Dienstag, 20. August

Um 9.00 Uhr ertönte die freundliche Erkennungsmusik
meines Mobiles. Ein Personalberater aus Hamburg rief auf
meine 7 Tage alte Bewerbung auf eine Werkleitung undefi-
nierter Größe im Raum Leipzig an.

Natürlich war seine erste Nachfrage die nach dem Gehalt.
Seit längerer Zeit schrieb ich dieses nicht mehr unkommen-
tiert, quasi nackt, in mein Bewerbungsanschreiben, sondern verwies bei diesem Thema auf ein persönliches Gespräch. In unserem Telefonat verpackte ich das Ganze in
die Gesamtsituation und signalisierte, wenn alles stimmig
wäre, sich auf jeden Fall einigen zu können, ließ das Ist-
Gehalt raus und ergänzte eine, meine untere Schmerzgrenze.

Ich fragte den Berater im Gegenzug nach der Obergrenze
für die Position. Das dürfe er nicht sagen, kam als schnell
geschossene Antwort. Eigentlich unsinnig, denn so hätte
man sofort Bescheid gewusst.

Ob das nicht dürfen, ein nicht wollen oder nicht können
war, blieb offen. Auf jeden Fall schien der Mann eine Art
Unter-Berater zu sein, da er mir signalisierte, mit einem
anderen Herrn Rücksprache zu halten. Warum hatte er das
Zielgehalt für die Position nicht vor sich liegen oder sagte
eben, sie passen von ihrem Werdegang gut, aber ihre ge-
nannte Gehalts-Schmerzgrenze liegt zu hoch, wie wollen
wir verfahren?

Es gab ein weiteres Kuriosum, zumindest für mein Verständnis. In manchen Ausschreibungen war es als expliziter Wunsch des zukünftigen Arbeitgebers mit enthalten, dass der Stelleninhaber seinen Lebensmittelpunkt in die Nähe des Standortes verlagerte, bzw. bereit dazu ist. Das ist nachvollziehbar und sinnvoll, gerade für einen Werkleiter.

Im Rahmen der Gehaltsfrage spielte ich auf das Gesamte an, bei dem auch eine von der Firma gestellte, möblierte Wohnung ein Bestandteil des Paketes sein konnte. Der Mann stutzte mehrfach, als ich ihm sagte, zu Beginn Montag bis Freitag vor Ort zu sein und am Wochenende nach Hause zu fahren. Er fragte nach, ob ich jeden Tag fahren wollte, ohne vorher über diese Unsinnigkeit nachzudenken. Es gibt sehr wohl dumme Fragen, richtig dumme Fragen.

Unsinn meint täglich in Summe 560 km in Ergänzung zu einem Arbeitstag von 10 bis 12 Stunden Auto zu fahren, möglichst ohne einzuschlafen. Soweit ist die Strecke von Hannover nach Leipzig und wieder zurück.

Der alternative Unsinn heißt vor dem ersten Arbeitstag in dem neuen Unternehmen mit Sack und Pack umzuziehen. Dies verbietet sich in einer Verbindung von 2 Vollzeit Arbeitenden bereits aus anderen Gründen.

Um es dem Mann noch besser zu verdeutlichen, sagte ich ihm, dass ich nicht weiter als maximal 50 km von meiner Arbeitsstätte entfernt wohnen wolle, um nicht jeden Tag so viel tote Zeit fürs Fahren zu haben.

Wir vereinbarten, kurzfristig ein persönliches Kennenlernen in der übernächsten Woche terminieren zu können. Er würde sich spätestens morgen wieder bei mir melden.

Wenn er denn Wort halten würde, war ich jetzt schon auf das Thema Fahrtkostenübernahme zum Interview gespannt.

Telefonat 50, Mittwoch, 21. August

Ich wartete nebenbei auf den gestern zugesagten Anruf zu der Werkleitungsvakanz. Ob meine Gehalts-Schmerzgrenze und die des Unternehmens zusammenpassten, wollte mein Anrufer klären. Dies war eine triviale Aufgabe für jeden, der Lesen und Schreiben kann.

Ich schaute auf der Internetseite der unbekannten Beratungsfirma, ob ich ein Foto von dem Mann finden würde. Es war keins da, der Mann war noch nicht einmal namentlich zu finden.

Gleich auf der Startseite guckte mich ein Kapitän an. Ein untersetzter, älterer Herr, gute 60, mit weißem, kurzen Haar und dickem weißen Vollbart stand im mittelgrauen Anzug mit hellblauer Krawatte auf Deck am großen hölzernen Steuerrad eines alten Segelschiffes. Es gab eine durchlaufende Fotostrecke mit dem Kapitän und Impressionen vom Hamburger Hafen. Wie viele Masten das Segelschiff hatte, war nicht zu erkennen.

Er war der Geschäftsführer der Beratung, die er scheinbar allein mit seiner Frau betrieb. Über den Kapitän stand zu lesen, dass er als Diplom Kaufmann Mitglied der Geschäftsleitung eines Dienstleistungsunternehmens gewesen war, seine Frau war Vorstandssekretärin eines Handelsunternehmens gewesen.

Besonders drollig war, dass die beiden keine Personalberatung anboten. Ihr Fokus lag auf der strategischen Beratung mit Schwerpunkt Auslandsexpansion und umgekehrt ein Angebot für ausländische Firmen in Deutschland Fuß zu fassen.

Neben Deutsch und Englisch gab es eine spanische und türkische Version der Seite.

Diesem Kapitän hatte ich meine vollständigen Unterlagen auf eine Ausschreibung einer Werkleitung in der metallverarbeitenden Industrie geschickt.

Da würde für das suchende Unternehmen ganz sicher das Optimum rauskommen.

Ich hakte das Thema, die Stelle, innerlich ab. Mal sehen, ob ich heute noch den versprochenen Anruf oder eine Mail bekam.

Nein, ich hörte oder las von dieser Vermittlungsagentur nichts mehr.

Montag, 19. August

Ich filterte eine Anzeige einer Franchise-Consultant-Firma heraus, die interessant klang.

Der Inserent, der Franchise-Geber, hatte sein Büro in Düsseldorf. Vielleicht könnte ich es mit meinem anderen Termin kombinieren.

Bewerbung 51 Franchise Partner: Beratung Ingenieurwesen / Produktion

7.45 Uhr schickte ich meine Bewerbung als selbständiger Unternehmensberater und Franchisenehmer an den suchenden Franchisegeber. Der Geschäftsführer war ebenfalls ein Dr.-Ing. und das Konzept und die Ausschreibung hatten mich neugierig gemacht:

„Zum weiteren erfolgreichen Ausbau unseres Dienstleis-tungskonzerns in Form eines modernen koordinierten Un-ternehmensverbundes von selbständigen Beratungsunter-nehmen suchen wir vorrangig hochqualifizierte Fach- und Führungskräfte, die sich eine sichere und lukrative unter-nehmerische Existenz aufbauen möchten, oder bereits selbständige Unternehmens-/ Personalberater-/ trainer, Projektmanager, Coach, Interim Manager etc., für die sich die Synergien der Zusammenarbeit im koordinierten Unter-nehmensverbund nicht nur auftragsseitig, sondern auch monetär äußerst positiv auswirken. "

Ich war sehr gespannt, welche Antwort ich bekommen würde.

Die Antwort kam schnell, mein Lebenslauf schien wohl zu ihrem Wunschprofil zu passen. Um 11.00 Uhr klingelte das Telefon und ein Herr der Firma rief aus dem Büro in Süd-deutschland an. Eigentlich interessierte ihn für den Moment nur meine Verfügbarkeit, ob ich dieses Jahr noch beginnen könnte.

Es ist schön, wenn dies die einzige Frage ist, nachdem man fast 11 Monate ohne greifbares Resultat nach Arbeit gesucht hat.

Der Geschäftsführer der Firma war diese Woche noch in Urlaub und wir vereinbarten einen Termin für die 1. Sep-tember-Woche, um uns intensiv kennenzulernen.

Am nächsten Tag und damit schneller und früher als ges-tern telefonisch vereinbart, kam zu dem verabredeten Termin die Einladung der Franchise-Berater. Start sollte 11.00 Uhr sein und dann 4 bis 5 Stunden. Das würde ein langer Tag werden.

Gespräch 51, Donnerstag, 5. September

Morgens nach dem üblichen Schüler-Bring-Verkehr, meine Madame und ich leben in der Nähe einer großen Schule und zwischen 7.30 und 8.00 Uhr ist wochentags die höchste Autodichte des ganzen Tages, startete ich nach Neuss.

Bereits nach kurzer Fahrzeit hörte ich die Stimme des Navigationssystems sagen *„Achtung, auf ihrer Route befinden sich Verkehrsstörungen".* Auf der A1 wuchs ein Stau zunehmend. Also drückte bzw. bestätigte ich *„Umleitung planen".* Dies tat ich noch mehrfach, denn die Autobahnen zwischen den zahlreichen Großstädten in Westdeutschland waren voll und die Baustellen sorgten durch ihren Trichter-Effekt an vielen Orten für einen massiven Dämpfer des Autoflusses.

Um 11.00 Uhr wollte ich da sein und zum Teil lagen die hochgerechneten Ankunftszeiten des Navigationssystems schon nach meiner Ziel Zeit. Letztendlich war ich 10 Minuten vor der Zeit auf der Zielstraße des Beratungsunternehmens.

Mein Gastgeber hatte mir vorab mit der Einladung als kleine Freundlichkeit meine Anfahrt Route zu ihnen als Link mit zugemailt. Was er jedoch nicht mitgeschickt hatte, war die Information, dass die Straße, von der Seite von der ich kam, bereits seit April aufgrund von Bauarbeiten komplett gesperrt war.

Mehrere Dinge kamen nun zusammen: eine fehlende Umleitungsausschilderung, weitere baustellenbedingt abgesperrte Straßen in diesem Gebiet, mein Navi mit älterer Kartensoftware, die älteren Herrschaften, die diesen Vormittag auf den Straßen unterwegs waren, die ich höflich nach meinem Ziel fragte und die freundlich versuchten, es zu beschreiben, es aber genauso wie ein Postbote, der sofort sagte oh, das ist schwierig, nicht hinbekamen und zu guter Letzt Straßen, die ohne ein Sackgassenschild am Anfang auf einmal gesperrt oder eben einfach zu Ende waren.

Nach knapp 30 Minuten gab ich auf und rief meinen Gastgeber an. Er lotste mich via Telefon zu ihm hin, kannte aber auch nicht alle Baustellen auswendig, denn, wie gesagt, noch andere Straßen in diesem Gebiet waren zeitgleich gesperrt, in Arbeit, so dass die Möglichkeiten für den Verkehr noch weiter eingeschränkt waren und in diesem Teil des Stadtgebietes kaum mehr was ging.

Mit 25 Minuten Verspätung war ich da, sehr sehr unangenehm und nicht meine Art.

Wir starteten gleich. 4 bis 5 Stunden waren angesetzt. Wir waren zu dritt, die offensichtlich 2 Chefs der Beratungsfirma und ich. Elendig lang und in vielen Passagen recht wirr erzählten die beiden ihren Lebenslauf.

Der jüngere von beiden, 48, kam aus Ostdeutschland und war 1977 mit seinen Eltern geflohen. Er hätte als Kind in der DDR geturnt, seine Eltern hätten beide studiert, seine Mutter sei Ärztin, der Vater kam nicht vor und sie seien damals zu Verwandten nach Düsseldorf geflohen. Er hatte Lufthansa-Pilot werden wollen, aber seine Augen, der Zylinder, waren zu schlecht und das kostet ja eine Menge Geld, der Pilotenschein.

Bei der Bundeswehr war er auf dem Geschäftszimmer gewesen. Dann kam das Physik Studium. 8 Semester an 3 verschiedenen westdeutschen Universitäten, die Diplomarbeit an einer 4.. Die Promotion wieder woanders, in der 5. Stadt, zeitgleich ein Vordiplom in Betriebswirtschaft.

Leider haben er und seine Frau keine Kinder, aus gesundheitlichen Gründen, aber sein Bruder habe 5, das sei sehr schön.

Es ging noch eine Zeit lang so weiter mit Sportarten, die er betrieben hatte und wie er doch wieder zum Fliegen gekommen war, zu seinem eigenen Flugzeug, das er gerade gegen ein neues, größeres tauschen wollte und den dafür notwendigen, höheren Flugschein fast schon in der Tasche hatte.

Ich fragte mich, was das sollte. Sein Berufsleben folgte in demselben Plauderstil in Langform bis zum ersten für unser Treffen relevanten Datum im Oktober 2007, wo er die Beratungsfirma gegründet hatte, natürlich am 13., denn das war seine Glückszahl.

Während dieser Zeit hatte der 2. Mann auf seinem Stuhl gehangen und gelangweilt rumgestöhnt und vor sich hin gepustet. Wäre es eine andere Konstellation gewesen, hätte ich ihn gefragt, ob es ihm nicht gut gehe, ob ich einen Arzt für ihn rufen solle.

Aber dann sah er sich am Zuge und schaltete auf Betrieb. Er war Franke, europäischer Franke, aus Nürnberg, 59 Jahre alt, der erste seiner Familie, der studiert hatte, alle waren Arbeiter gewesen, dafür schäme er sich nicht.

Betriebswirtschaft und Wirtschaftspädagogik in Erlangen hatte er studiert. Im Studium hatte er für Quelle und Grundig gearbeitet, kannte die Inhaber-Familien, Bafög hatte er bekommen, um sich zu finanzieren.

Er hatte nicht Lehrer werden wollen, verbeamtet, für ihn unvorstellbar, sei gleich in die Unternehmensberatung eingestiegen, zu Professor Dr. Schott, Mitbegründer des Bundes der Unternehmensberatungen, ein exzellenter Mann mit Verbindungen.

Der alte Grundig habe damals die Entwicklungen der Zeit verschlafen, deshalb sei er kaputt gegangen.

Dieser Herr, der sich noch nicht einmal anstrengte Hochdeutsch zu sprechen und mit seinem komischen Slang schwer zu verstehen war, war ein ganz Guter, einer der Besten, ein echter Protz, ein Angeber.

Die Bemerkung über die Firma Grundig war typisch für einen oberschlauen Unternehmensberater. Und typisch war auch die Art in der diese formuliert war, von oben herab. Wo nehmen diese Leute ihren Hochmut her?

Seine ganze Erzählung seiner Lebensheldentaten, die für mindestens 2 Endfünfziger gereicht hätte, war konfus, unstrukturiert, ohne Jahreszahlen oder wenigstens Jahrzehnte, ohne Lebens- oder Berufsabschnitte. Sie brachte dann auch noch eine Militärkarriere zum Vorschein. Natürlich galt auch seine Vorliebe dem Fliegen, den Jets. Als Leutnant habe er aufgehört.

Und das alles zeitlich vor dem Film Top Gun, denn den gab es erst 1986 in den Kinos.

Nachdem sein Dr. Schott plötzlich mit Mitte 70 gestorben war, löste sich die Beratungsfirma auf, weil kein Nachfolger da war. Er selbst ließ sich einen Vollbart wachsen, um älter auszusehen, versuchte als Einzelkämpfer Beratung zu verkaufen, kam an den Pförtnern der Unternehmen nicht vorbei, während die Mc Kinseys im Rudel vorbeispazierten und musste sich von seiner Frau fragen lassen, wie die Miete bezahlt werden sollte.

Dann war er, nach 3 Tagen Assessment Center, ein von der SPD, von Willy Brandt, ausgewählter, der Spanisch lernen durfte, um nach Paraguay zu gehen. Das Spanisch brauchte er dort nicht, denn da war ein Ex-Nazi-General, der eben Deutsch sprach.

Nach x Jahren Südamerika war der Mann mit seiner Familie wieder da und war überall, bei Berger, bei Mc Kinsey, bei Kienbaum. Das gefiel ihm, schicke Hotels und gutes Essen. Dann saß er einige Wochen bei Opel, in einem Stab, ohne was zu tun zu haben bis ihn Lopez fragte, ob er mit ihm zu VW käme.

Bei VW war er dann Chef von vielen Ingenieuren, führte überall die ISO 9000 ein, warf die zu vielen Leute mit Herrn Hartz zusammen raus und trennte die Marken VW und Audi. Last but noch least war sein Stolz auch die 28 Stunden-Woche. Die eigentliche VW Zentrale ist ja Hannover und nicht Wolfsburg.

Mir fehlte nur noch, dass er den VW Golf erfunden hatte.

Mehr als 1,5 Stunden waren vorbei und ich hatte nur Räuberpistolen gehört. Der alte Angeber war fürchterlich, ein Ekeltyp, mit scheinbar hohem Maß an Realitätsverlust, denn ich glaubte ihm noch nicht mal die Hälfte seiner Heldentaten.

Der jüngere von den beiden hatte sich die Litanei des älteren nicht mit angehört und kam zu meiner Vorstellung wieder herein. Meine Lebenslauf-Präsentation war nicht gewünscht, obwohl Beamer und Laptop auf dem Tisch standen.

„Wir brauchen Persönlichkeiten, keine Präsentation. Das sehe ich so!"

„Wir suchen hier den General, nicht Soldaten!"

„Roland Berger ist mit der Deutschen Bank ins Bett gegangen. Du willst die Hure, aber nicht die Geschlechtskrankheit. Die willst du wieder loswerden. Das hat er nach der Wiedervereinigung gemacht, mit der Treuhand."

„2 Dinge wollen wir nicht: Fixkosten und Steuern zahlen"

„Der Mittelstand ist das Rückgrat der deutschen Industrie."

„Wir kriegen unsere Projekte vom Staat über die Mittelstandsförderung. Januar sind bei uns Betriebsferien, Februar geht es los. Dann wissen wir, was wir am Jahresende verdient haben."

In diesem Stil hämmerte der Alte, die Ein-Mann-Drückerkolonne, auf mich ein, in seiner sehr speziellen Art. Das mit dem Mittelstand war für mich das einzig Interessante.

Die Eintrittskarte als Franchise Nehmer, die Einmalzahlung, war deutlich höher als bei der anderen Gesellschaft (Bewerbung 49 Managementberater). Danach folgte keine Monatsgebühr für die Inanspruchnahme der Marke und des zentralen Supports, sondern es sollten dauerhaft 19% Abgaben auf den gesamten erwirtschafteten Umsatz gezahlt werden. Das waren die Konditionen.

Nach einem Jahr sollte jeder Neue 130.000.- bis 170.000.-€ Jahresumsatz machen.

Minus 19%, minus Steuer, minus eigene Kosten usw.. Da blieb weit weniger über, als in nicht selbständiger Tätigkeit.

Warum sollte ich den beiden ihr neues Flugzeug bezahlen, das es bereits als Bildschirmhintergrund des Laptops gab.

Der jüngere war eh so übergewichtig, dass einem der kleine Flieger jetzt schon leidtun konnte.

Wir saßen lange zusammen, in einem unklimatisierten und unordentlichen Besprechungszimmer. Es gab ein vollgeschmiertes White Board, der volle Flipchartblock war bereits umgedreht und schon wieder kurz vor der letzten Seite und jede waagerechte Fläche im Zimmer war mit irgendwas belegt. Summa summarum ein Raum, in den ich nicht mit einem Gast, insbesondere nicht mit einem potentiellen neuen Mitarbeiter oder Partner gehen würde.

16.00 Uhr hatten die beiden als Endzeit angesetzt. Dies hatten sie völlig verfehlt. 17.30 Uhr setzte ich mich in den Wagen. Es waren 34° Außentemperatur und strahlender Sonnenschein. Wetter für die Badehose, nicht für die Autobahn.

Die aktuelle Verkehrssituation erinnerte ans Roulette und die Ansage nichts geht mehr!

Die A52 Richtung Norden war aufgrund einer Fahrbahnerneuerung voll gesperrt und fiel damit als Wegoption aus. Ich drückte in meinem Touring so oft die Bestätigung der *„Umleitung planen"* bis das Navi letztendlich mit der Anzeige *„Keine Umleitung verfügbar"* aufgab. Das hatte ich mit diesem Wagen auch noch nicht erlebt.

Ich fuhr ein Stück parallel zur völlig dichten A3 auf der B8, eine ungeplante Sightseeing Tour durch das Rote-Ampeln-Duisburg.

Nach 2 Stunden war ich endlich am Kamener Kreuz. Dann lief es wieder richtig und in 1,25 Stunden rollte ich zügig bis nach Hannover.

Der Diesel war mal wieder 8 Cent günstiger als morgens. Da ist das Tanken trotz Müdigkeit eine Pflichtübung. 20.45

Uhr war ich wieder zu Hause, nach einem Tag mit 2 Menschen, die definitiv nicht meine neuen besten Freunde werden würden.

Mail 51, Dienstag, 10. September

13.00 Uhr antwortete ich dem Unternehmensberater Franchiser, so wie bei unserem Treffen letzte Woche verabredet.

„ Unter den Voraussetzungen einer klaren Straffung des Beitritts-Prozederes sowie der Modifikation der Vertragskonditionen kann ich mir eine Kooperation sehr gut vorstellen. "

1 Stunde später rief der ältere von den beiden Herrn, die 1-Mann-Drücker-Kolonne auf dem Festnetz an, wieder in der ihm eigenen Art. Ja, von den in ihrem Beitritts-Prozedere vorgesehenen insgesamt noch 4 weiteren Terminen könnten wir die beiden nächsten zusammenlegen, dafür aber dann in Nürnberg.

Zu den angesprochenen von mir gewünschten Änderungen der Vertragskonditionen sagte er nichts und machte sich nur über mein Wort Kooperation lustig. Wir sind doch Unternehmer, bla, bla, bla.

Nein, ich sagte ihm nicht sofort, dass wir nicht zusammenkommen würden, sondern schloss ein 2. Treffen ab Anfang Oktober nicht aus. Jetzt fliege ich 2 Wochen in die Sonne. Es hatte am Wochenende einen Temperatursturz gegeben, runter von den hochsommerlichen 30°. Draußen waren es nur noch 12° plus und es regnete in Strömen. Der 14 Tage

Trend versprach keine klare Besserung Richtung Spät-sommer.

Madame wollte für uns Fuerteventura buchen, uns fehlten die Flüge, nicht der Club, was ich dem Mann erzählte. Er schwor auf Lanzarote. Meine Bemerkung auch schon 2 mal da gewesen zu sein, aber insbesondere den langen Strand im Süden von Fuerte sehr und noch mehr als Lanzarote zu mögen, kommentierte der Mann in gewohnt arroganter Weise. Wenn man Lanzarote als Insel erst mal verstanden hat, fährt man nicht mehr woanders hin, na bitte.

Er hörte mir sowieso nicht zu und erkannte in unseren 10 Minuten Telefonat, 3 Minuten nach mir, nachdem ich es ausgesprochen hatte, dass der 3. Oktober in Deutschland ein Feiertag ist.

Der Mann war wirklich schräg.

Telefonat 51, Mittwoch, 11. September

9.30 Uhr, mein Freund rief mich wieder an und schlug den 2.10.2013 in Nürnberg für das kombinierte 2. und 3. Ge-spräch vor. Eine Dauer von 7 bis 8 Stunden war avisiert. Wieder hatte er den Feiertag vergessen.

Ich sagte ihm, dass er sich die Woche drauf einen Tag von Montag bis Donnerstag aussuchen könne, aber nicht am Tag vor dem Tag der deutschen Einheit.

Mail 51, Donnerstag, 12. September

Mittags kam die Gesprächseinladung von den beiden „Über-Fliegern".

„Sehr geehrter Herr Dr. J.,

hiermit bestätigen wir Ihnen den heute telefonisch verein-
barten Termin für Ihr zusammengelegtes Erst- und Zweit-
gespräch am Dienstag, den 08. Oktober um 11:00 Uhr...."

Wir hatten es gestern vereinbart und nicht heute und gemeint waren sicherlich das zweite und dritte Gespräch in
der Zusammenlegung, denn einmal hatten wir ja schon
gemeinsam das Vergnügen gehabt. Ganz unabhängig davon waren die angesetzten 7 bis 8 Stunden, mit wahrscheinlich wieder zahlreichen Räuberpistolen der beiden
Antipathie Träger, schon lang genug. Dazu kamen quasi
netto, ohne den Weg zum und vom Bahnhof mit zu rech-
nen, 2 mal 3.22 Stunden mit der Bahn, denn die ca. 500
km je Strecke mit dem Wagen zu fahren wäre irrsinnig gewesen. Das hieß mindestens ein 16 Stundentag.

Ich schaute bei der Bundesbahn auch nach den Preisen.
Heute gebucht gab es einen Sparpreis von 39.- € für die
einfache Fahrt in der 2. Klasse, regulär waren es 103.- €.
Damit war die Bahn klar besser als das geliebte Auto. Die
Autofahrt war teurer und langsamer.

Ich beschloss, den Termin nicht zu bestätigen. Zum einen
war er mündlich vereinbart, zum anderen hatte ich auf meine Mail vom letzten Dienstag ebenfalls keine Antwort bekommen.

Auch wenn oftmals die eigene Erlebenswelt anderes signalisiert, bin ich immer noch ein großer Freund des gleichen
Rechts für alle.

Eigenabsage 51, Donnerstag, 3. Oktober

Mittags sagte ich dem Franchise-Unternehmensberaterverbund ab. Ich ließ irgendwelche Spitzen, insbesondere über den einen Super-Herren, weg. Letztendlich wäre dies nur ein Ausleben meiner eigenen persönlichen Eitelkeiten gewesen. Und darauf sollte man, wollte ich, verzichten.

Mail 51, Sonntag, 20. Oktober

Am 3. Oktober hatte ich darum gebeten, meine persönlichen Daten zu löschen und mir dies kurz zu bestätigen. Insbesondere bei diesen beiden sehr speziellen Typen mit vermutet fragwürdigen Geschäftsmethoden war es mir besonders wichtig. Bis letzten Freitag wollte ich die Bestätigung haben. Nichts war passiert.

15 bis 20 Mal hatte ich seitdem die Telefonnummer der Firma im Speicher gehabt. Schöne Sache, die Rufnummernübermittlung. Es gab jedoch nichts zu bereden und ich hatte mir schon viel zu lange die tollen Geschichten der beiden angehört.

Da die kleine Variante mit dem gesetzten Termin nicht funktioniert hatte, gab es jetzt die größere, die mit dem angedrohten Anwalt.

Um 18.00 Uhr bombte ich den Geschäftsführer mit beigefügter erster Mail an, im Betreff 1. Mahnung.

Der Weckruf schien tatsächlich funktioniert zu haben. Eine halbe Stunde später kam die voller Selbstmitleid triefende Antwort.

Es schien eine vorbereitete Standard Antwort zu sein, denn sie kam schnell nach der Lesebestätigung. Offensichtlich gehörte es zu der fragwürdigen Strategie dieser Franchiser, sich erst zu melden, wenn jemand verbal deutlicher, fast grob wurde.

Damit war dieses Thema wenigstens erledigt.

Anrufe 51, Donnerstag, 24. Oktober

Nach der Antwort der Franchiser hatte ich das Thema abgehakt. Angeblich waren meine personenbezogenen Daten doch auch schon längst gelöscht, vor meiner klaren Mail vom letzten Sonntag.

Die Löschung schien aber nicht meine Telefonnummern mit zu beinhalten. 10.30 Uhr versuchten es die Boys aus Neuss wieder, erst auf dem Festnetz, dann auf dem Mobil. Es war einfach unglaublich unverschämt.

Mittwoch 21. August

Bewerbung 52: Werkleitung, Rheinland

Relativ lustlos schickte ich noch eine neue Bewerbung auf eine Werkleitung im Rheinland bei einem deutschen Industriekonzern mit 10.000 Mitarbeitern los. Immerhin ging es um das Hauptwerk und den damit wichtigsten Produktionsstandort des Unternehmens. Eine Größe war leider, wie so oft, nicht mit angegeben.

Obwohl die Anzeige von einer großen, bekannten Personalberatung geschaltet war, gab sie inhaltlich kaum etwas Substantielles her, auf das man in seinem Anschreiben einsteigen konnte. Klar war, wir waren in der Massenfertigung eines Konsumgüterherstellers, passend zu meinen Erfahrungen.

Ich versuchte wieder, meinen Adressaten zu finden. Die Personalberatung hatte 100 Mitarbeiter, aber der Herr war nicht mit dabei. Damit war er zumindest kein Partner, denn von denen waren professionelle Fotos im Business Outfit eingestellt.

Wieder einmal drollig war, dass die Stelle, auf die ich mich bewarb, nicht unter den vielen offenen Vakanzen der Personalberatung in ihrem eigenen Internet-Stellenmarkt mit enthalten war.

Was sollte ich darüber denken?

Mittags schickte ich sehr unbegeistert die üblichen 3 Dateien auf die Reise ins Ungewisse.

Keine Stunde später kam eine handgemachte Eingangsbestätigung, gezeichnet vom Leiter des Beratungsteams und versehen mit dicken Hinweisen auf die Größe der Personalberatung.

Absage 52, Freitag, 25. Oktober

Nachmittags kam eine lapidare Absage herein, die dennoch eine kleine Spezialität beinhaltete.

Die Spezialität war, *„dass die jetzt bevorzugten Bewerber Erfahrungen mitbringen, die den Anforderungen der Aufgabe in besonders hohem Maße entsprechen."*

Dies machte mich neugierig. Außerdem, wie meistens, was war mit meinen Daten und meinen Unterlagen passiert. Es gab keine Angaben darüber.

Die Eingangsbestätigung war am 21. August von Hand gemacht worden, kein Automatismus. Vielleicht würde ich ja eine Antwort mit Inhalt zurückbekommen. Ich schrieb noch einmal hin.

„Sehr geehrte Frau B., sehr geehrte Frau S.,

ich bedanke mich für Ihre sehr höfliche Absage.

Um mich zukünftig zu verbessern, wäre es sehr hilfreich, von Ihnen zu erfahren, welche besonderen Erfahrungen der bevorzugten Mitbewerber hier für den Entscheidungsprozess ausschlaggebend waren.

Zum zweiten bitte ich Sie, mir kurz schriftlich die Löschung meiner personenbezogenen Daten bis spätestens zum 1. November zu bestätigen.

Mit freundlichen Grüßen

Dr. Max. S. Justice"

7 Minuten später kam die Lesebestätigung. Eine der Damen saß offenbar am Rechner.

Sonst kam nichts mehr.

Nachfrage Absage 52, Samstag, 2. November

8.00 Uhr schrieb ich an den Teamleiter der Beratungsgesellschaft in dessen Namen seiner Zeit die Eingangsbestätigung gekommen war. Ich erinnerte ihn an die ausstehende Antwort und penetrierte die Löschung meiner Daten.

Morgens 8.00 Uhr und 20 Minuten später kamen die Lesebestätigungen des Teamleiters und seiner Assistentin auf mein Nachhaken vom letzten Samstag. Kurz nach 9.00 rief der Teamleiter mich auf dem Mobil an und entschuldigte sich für das Versäumnis einer Antwort. Das hatte Stil.

Wir unterhielten uns. Ich stimmte zu, meine Daten bei der Personalberatung in den Bestand der suchenden, veränderungsbereiten Manager mit aufzunehmen und wir fügten noch wichtige Eckdaten wie minimales Jahresgehalt und örtliche Mobilität hinzu.

Mich hätte wirklich interessiert, welche angeblich spezifischen Erfahrungen meiner Mitbewerber auf diese Werkleitung ihnen den entscheidenden Vorteil gebracht hatten. Oder waren es einfach weniger Erfahrungen, weniger Lebenserfahrungen, da sie einfach jünger waren, nicht in der Todeszone 50 plus.

Freitag, 30. August

Bewerbung 53: Dozent

Vorletzten Samstag war ich in der F.A.Z. Stellenbörse auf eine Ausschreibung einer privaten Hochschule aufmerksam geworden, die einen Dozenten für einen neu im Aufbau befindlichen Bachelor Studiengang für Facility Management suchte.

Das war nur zum Teil mein Revier. Ich bot aber eine Mitarbeit auf mehreren Themenfeldern an, die die Hochschule in ihrem Studienangebot hatte.

„ Im Laufe meiner Berufstätigkeit in der Industrie und an der Universität habe ich umfangreiches, erfahrungsbasiertes Wissen in den Bereichen Ingenieurwesen, Betriebsführung, Operations Management, Instandhaltung und Soft Skills erworben, welches ich gern weitervermitteln möchte. Hiermit bewerbe ich mich bei Ihnen als Dozent."

„ Meine Motivation zu dieser Bewerbung liegt darin begründet, den Wissenstransfer an die Studierenden besonders auf die späteren Belange in der Praxis auszurichten. Hierbei sind zum Beispiel das Verstehen und berücksichtigen kultureller Verschiedenheiten und Interessenslagen, sowie die Vernetzung von verschiedenen Wissensgebieten, getragen bzw. transportiert von einer zielgruppenorientierten Kommunikation ein Schlüssel für den beruflichen Erfolg der Absolventen...."

Ich war gespannt auf die Antwort, auch wenn der neue, maßgeschneiderte Brief schon wieder viel zu viel Zeit gefressen hatte.

Kontaktformular 53, Mittwoch, 11. September

Es kam eine freundliche Mail auf meine Bewerbung an der privaten Hochschule. Beigefügt waren eine Vergütungsliste und ein Planungsbogen, den der Interessent ausgefüllt wieder zurückschicken sollte.

Kontaktformular 53, Freitag, 13. September

Erster Programmpunkt für mich heute waren die insgesamt 11 Seiten der privaten Hochschule, die ausgefüllt zurückgemailt werden sollten, bzw. wollten.

Die mit übersandte Vergütungsliste der Dozenten stammte von der Fachhochschule Nordhessen und war seit 2 Jahren gültig. Dies schien wohl auch für diese private Hochschule die Basis zu sein, auch wenn der Name nirgends auf den 2 Seiten zu finden war.

Die Vergütung für die Dozenten staffelte sich für diplomierte, promovierte und Dozenten mit Professorentitel. Ich hatte also den mittleren Tarif.

124.- € für je 3,25 Stunden Vorlesungsblock waren absolut mager. Für einen daraus resultierenden Stundensatz von 38,15 € bekommt man in Deutschland keinen Handwerker, auch nicht netto. Rechnete man noch die erforderliche eigene Vorbereitungszeit und An- und Abfahrten mit ein, sah es noch schlechter aus.

Der Stundensatz rund um das Prüfungsgeschehen betrug in den meisten Fällen 15.- €. Das war schon frech.

Hübsch war auch die Erstattung von Fahrtkosten zu den Lehrorten. Abgerechnet werden konnte eine Bahnfahrkarte der 2. Klasse, die mit der Bahn Card gekauft war. Sollte man an seinem Wohnort keinen Bahnanschluss haben, durfte auch mit dem Auto angereist werden. Die Erstattung betrug 0,27 €/km, nicht die zur Zeit üblichen 0,30 €/km.

Wie weit der Wohnort des Dozenten oder der Unterrichtsort der Hochschule vom nächsten Bahnhof entfernt liegen musste, dass er als nicht mit der Bahn erreichbar galt, war nicht spezifiziert.

Die erste Seite des Personaleinsatzbogens für das kommende Wintersemester beinhaltete 14 mögliche Lehrorte zur Auswahl und einen Kalender von Anfang Oktober bis Ende April. Die Unterrichtstage waren alle Samstage in dieser Zeit und der Bewerber-Dozent sollte ankreuzen, an welchen er nicht einsatzbereit wäre.

Die Vorlesungsblöcke waren vor- und nachmittags, von 9.30 bis 12.45 Uhr und von 13.15 bis 16.30 Uhr.

Auf den nächsten Seiten konnte man die Themengebiete ankreuzen, in denen man unterrichten wollte.

Ich brach ab und formulierte eine kurze Mail an die Dame, die mir die Unterlagen zugeschickt hatte. 2 Fragen waren sind zentral:

„ 1. Liegen bereits fertige Unterlagen mit dem Lehrstoff für die Dozenten vor?

2. Finden generell die Vorlesungsblöcke nur an Samstagen statt? "

Unter der Woche konnte ich mir mit einem gewissen Idealismus aufgrund der schlechten Vergütung eine Tätigkeit vorstellen, nur an Samstagen definitiv nicht.

Die Dame antwortete schnell. Es gab Unterlagen und, na klar, es waren ausschließlich Samstage.

Ich hatte es befürchtet. Tatsächlich wären dann mal eben sämtliche Samstage von Anfang Oktober bis Ende April dicht, keine Freiheit mit der Partnerin etwas gemeinsam zu tun, das nur am Wochenende geht. Und das nur für das Wintersemester. Semesterferien schien es nicht zu geben und wahrscheinlich ging es ab Mai gleich mit den nächsten Samstagen weiter.

Nein, das würde ich höflich absagen. Ich tat es am späten Nachmittag.

Zwei Geschichten stehen noch aus. Die erste ist eine, die man sich in seinem Berufsleben nicht wünscht. Es ist die Meldung beim Arbeitsamt bzw. der Arbeitsagentur oder Agentur für Arbeit.

Donnerstag, 25. Juli

Die Geschichte mit der Agentur für Arbeit begann für mich an diesem Donnerstag, so wie in der Chronologie bereits kurz erwähnt. Denn Ende Juli hatte ich mich fristgerecht arbeitssuchend zu melden, wollte ich unter Umständen ab dem 1. November Arbeitslosengeld beziehen.

Morgens 10.30 Uhr, nach knapp 10 Minuten in der Warteschleife, kam ich telefonisch meiner Meldepflicht nach.

Die Dame war sehr freundlich und saß physisch in Hameln. Nach 25 Minuten war alles von ihr aufgenommen und ich war im System angelegt. Die für mich zuständige Fachberaterin würde sich bei mir melden. Ich hatte um eine telefonische Kontaktaufnahme gebeten, um gleich im Dialog einen Termin für ein persönliches Treffen vereinbaren zu können und nicht x Mal Mails hin und her zu schreiben.

Nachmittags um kurz vor 16.00 Uhr rief die Dame bereits an, das war erstaunlich schnell.

Sie ließ in unserem gut halbstündigen Telefonat mehrfach durchblicken, dass sie einen deutlich höheren Rang in der Arbeitsagentur-Hierarchie hatte, mehr wusste, vor allen Dingen besser wusste, als ihre freundliche Kollegin von vormittags. Es schien ihr sehr wichtig zu sein, dies zu tun, obwohl die erste Dame des Tages viel angenehmer gewesen war und im Gegensatz zu der zweiten mir zugehört hatte.

Ich verneinte ihre Frage nach dem Kennwort zur Jobbörse der Arbeitsagentur. Das kommt per Post und vor 5 Stunden habe ich mich erst bei ihrer Kollegin gemeldet. Wie gesagt, sie hörte nicht zu.

Sie ging in mein von ihrer Kollegin online angelegtes Kandidatenprofil. Ich wiederholte, was ich die letzten Jahre gemacht hatte. Ich war ergebnisverantwortlicher Werkleiter, aber das gab es in ihrem Formular auf ihrem Bildschirm nicht. Soll ich Betriebsleiter schreiben, fragte sie.

Ich versuchte ihr, den in vielen Unternehmen üblichen Unterschied zwischen einem Werk- und einem Betriebsleiter zu vermitteln, wahrscheinlich erfolglos. Haben sie kein Klartextfeld, wollte ich von der Dame wissen, wo sie Werkleiter und Geschäftsführer eintragen können. Ja, aber das System behält es nicht. Heute Morgen haben wir einen Systemabsturz gehabt.

Mitarbeiterverantwortung? Max. 450, also Rubrik 50 bis 499.

Personalverantwortung? Seit 15 Jahren, also > 5 Jahre.

Budgetverantwortung? Umsatz > 100 Mio. € oder was meinen sie? Es kam keine Antwort.

Suchradius? Bundesweit, dann gebe ich mal 200 km ein.

So lief das Gespräch. Zumindest schien es ihr zu gelingen, irgendwo in der Maske eine Verantwortung oder und Erfahrung mit kaufmännischer und technischer Leitung einzugeben.

Sie schickte mir einen Link zu einem speziellen Angebotsbereich für Führungskräfte zu, der über die Agentur in Bonn gesteuert wurde. Der Link war ihr wichtig, denn sie würde durch die vielen Menüs der Seite selber nicht durchfinden. Nach einer Minute kam das erste Mal ihre Nachfrage, ob ich ihre Mail erhalten habe, denn sie wusste, dass ich zwar nicht online in meiner Profilmaske war, aber vorm Rechner saß.

Auch mit DSL 900.000 wäre die Mail nicht so schnell da gewesen. Der rüber gemailte Link kam erst nach unserm Telefonat an.

Ich versuchte einen Draht zu ihr aufzubauen, ob sie noch Stellensuchtipps für mich hätte. Der Link wäre sehr gut, das wäre gut für High Potentials. Innerlich brach ich spontan zusammen, ein High Potential mit Mitte 50, das hatte ich auch noch nicht gehört.

Metasuchmaschinen seien gut für die Stellensuche, kimeta sei ihr Favorit, alles ganz einfach.

Nach dem High Potential kam noch ein Kracher. Sie wollte, dass ich aktiv bin, nicht reaktiv nur auf Ausschreibungen von konkreten Vakanzen schreiben würde. Ich sollte mir überlegen, in welcher Branche, in welchen Unternehmen, ich gerne arbeiten möchte und dann aktiv an diese Unternehmen herantreten.

Wow!

Diesen Rat jemand zu geben, der gerade seine Diplomarbeit schreibt, geht ja noch, auch da mit gewissen Einschränkungen. Ein diplomierter Verfahrenstechniker sollte nicht spontan auf die Idee kommen, Konstruktionsbüros anzuschreiben, um sich als CAD Konstrukteur zu bewerben. Das glaubt auch dem Diplomanten niemand.

Ich fragte zurück, wie sie das meine. Ich würde mir gern Unternehmen aussuchen und diesen schreiben, hey look, ich bin euer neuer Werkleiter oder Geschäftsführer, würde das aber für wenig zielführend halten.

Keine Antwort. Ich solle initiativ an Unternehmen und Headhunter schreiben. Ein Drittel aller Stellen würden über Initiativbewerbungen besetzt werden, das zweite Drittel über Headhunter und der Rest würde öffentlich ausgeschrieben.

Ich hielt nichts von Initiativbewerbungen, nicht bei meinem Level, nicht bei meinem Alter.

Irgendwie fühlte ich mich schlecht. Ich hatte den Eindruck nicht verstanden worden zu sein. Eine Person, die in ihrem ganzen Leben weder den Industrie-Alltag, noch die Beanspruchung durch eine Führungsposition in einem Unternehmen, das im Wettbewerb Gewinn erwirtschaften will, und schon gar nicht die Situation drohender Arbeitslosigkeit kennengelernt hat und nicht kennenlernen wird, trumpfte hier gerade dick auf, mit absolutem Murx.

Die Dame saß wieder auf einem Ross, einem Ross der Sicherheit, fest montiert auf ein kleines Karussell, immer im Kreis drehend, ohne je einen Millimeter weiter zu kommen, dem Horizont der Erkenntnis entgegen, wie der Philosoph es nennen könnte.

Frustriert dachte ich, dich habe ich letztes Jahr ganz alleine nur von meiner persönlichen Einkommenssteuer bezahlt, da bräuchte ich die 5,5% Soli-Aufschlag noch nicht einmal mitrechnen und es ist sogar noch was über geblieben für einen andern Beamten. Oder anders, selbst wenn es so weit kommen sollte, Arbeitslosengeld zu bekommen, bräuchte es weit mehr als 18 Monate Höchstsatz, um die Einkommenssteuer von einem Jahr zurückzubekommen.

Meine Erwartungshaltung hier Hilfe zu bekommen war sehr gering. Der frühestmögliche Gesprächstermin bei der Dame, war der 26. August, entweder vereinbarte sie nur wenige Termine oder war gut belegt.

Freitag, 26. Juli

2 Briefe von der Arbeitsagentur waren im Briefkasten. Mein Kennwort zur Jobbörse, das ich mündlich schon bekommen hatte, und ein Berg von Formularen, falls ich mich arbeitslos melden musste, dabei auch ein Part, der von meiner Ex-Firma ausgefüllt werden sollte. Den sollte ich dann wohl weiter schicken.

Putzig fand ich den freiwillig auszufüllenden Fragebogen zum Migrationshintergrund. Ich dachte an meine Bewerbung als 1. Stadtrat der Stadt Hannover.

Wieso bekommt ein gebürtiger Deutscher in der x-ten Generation so einen Bogen? Die Behörden haben doch alle Unterlagen. Eintüten und wegschicken an alle, war wohl das Motto. Denken fehlte völlig.

Samstag, 27. Juli

Der nächste Brief von der Arbeitsagentur. Ist man erst mal notiert, läuft die große Mühle los und bleibt nicht mehr stehen.

Diesen Samstag kam die Einladung zum Gespräch mit der Fachberaterin mit der Angabe zu ihrem Büro, Etage, Block und Zimmer. Da denkt man an einen Knast.

Und, wie immer bei öffentlichen, behördlichen Schreiben war eine drohende Rechtsbehelfsbelehrung mit dabei:

„Für Ihre passgenaue Vermittlung ist es notwendig, mit Ihnen gemeinsam ein individuelles Bewerberprofil zu erstellen. In einem persönlichen Gespräch möchten wir daher

gemeinsam mit Ihnen Ihre Situation bezüglich einer berufli-
chen Eingliederung feststellen und besprechen. Hierfür
sind u.a. Ihre Auskünfte zu beruflichen Kenntnissen und
Erfahrungen, persönliche Vorstellungen hinsichtlich des
weiteren beruflichen Werdegangs, Auswirkungen von
eventuellen gesundheitlichen/ örtlichen/ zeitlichen Ein-
schränkungen erforderlich.

Wenn Sie den Termin nicht wahrnehmen können, so bitten
wir um eine zeitnahe Mitteilung des Grundes. Hierzu kön-
nen Sie dieses Antwortschreiben nutzen. Sollten Sie den
vorgeschlagenen Termin ohne Mitteilung eines wichtigen
Grundes nicht wahrnehmen, können Sie die Dienstleistun-
gen der Agentur für Arbeit nicht weiter in Anspruch neh-
men, da insoweit die für eine passgenaue Vermittlung er-
forderlichen Auskünfte nicht vorliegen (vgl. § 38 Abs. 2
SGB III). Wir müssen Sie in diesem Fall zum Tag des ver-
säumten Termins aus der Arbeitsvermittlung abmelden.

Hinweis:

Die für diese Meldeaufforderung maßgebenden Vorschrif-
ten können Sie bei Ihrer Agentur für Arbeit einsehen."

So passgenau wie es das Formblatt und die Dame eben
zulassen. Eine Durchwahl oder eine spezifische Mail Adresse der Dame, um wirklich im Bedarfsfall begründet den
Termin absagen zu können, waren nicht mit enthalten. Das
hätte wohl zu viel „Unruhe" bedeuten können.

Wo bleibt da die Kundenorientierung?

Mittwoch, 31. Juli

Der 4. Brief vom Arbeitsamt steckte im Briefkasten. Er enthielt den Zugangscode zur Online Jobbörse. Es war ein anderer als mir meine Fachberaterin am Telefon gegeben hatte. Ich hatte es noch nicht ausprobiert.

Als ich es am PC testete, stellte sich heraus, dass dieser frische Code der richtige war, der andere falsch.

Montag 26. August

Um 14.00 Uhr war ich mit meiner mir zugeteilten Dame von der Arbeitsagentur verabredet. Der Termin war mehr als 4 Wochen alt.

Es passierte, was in solchen speziellen Fällen, wo man keine direkte Mailadresse oder telefonische Durchwahl von seiner Verabredung hat, trotz aller Unwahrscheinlichkeit so häufig vorkommt. Es ändern sich sehr kurzfristig andere Gegebenheiten und man schafft es beim besten Willen nicht, den Termin wahrzunehmen.

Meine Madame war mein Rettungsanker, denn wir hatten diesen Absage-Fall sicherheitshalber mit einkalkuliert. Für mich war es damit ein 10 Sekunden Telefonat von meinem Mobil auf ihr Mobil, einmal kurz aus meinem sich hinziehenden Vormittagstermin vor die Tür gegangen, um 12.30 Uhr, 1,5 Stunden vorher, mit der Botschaft, den 14.00 Termin bitte abzusagen.

Unser Plan, das vorbereitete Absageformular der Arbeitsagentur vom iPhone an die Sammelmailadresse zu senden, funktionierte nicht.

Damit dauerte es für Madame erheblich länger, denn sie biss sich durch die Warteschleife der gebührenfreien, aber zeitaufwendigen Sammeltelefonnummer durch und schaffte es tatsächlich eine Durchwahl und eine persönliche Mailadresse meiner Gesprächspartnerin rauszubekommen, so dass sie die Dame der Agentur geradezu ungeschützt direkt kontaktieren konnte, um 13.37 Uhr.

„Zusatz: Nachdem ich soeben über die Zentrale Ihre Mail-Adresse erhalten habe, zur Sicherheit zusätzlich zu der hinterlassenen Nachricht per Mail:

Sehr geehrte Frau F.,

nachstehende Nachricht erhalten Sie im Auftrag von Herrn Dr. J., der Sie aufgrund fehlender Durchwahl/E-Mail-Adresse persönlich nicht erreichen kann.

Sehr geehrte Frau F.,

ich bin in einem Gerichtstermin und muss daher unseren Termin, heute 14 Uhr, kurzfristig absagen. Bitte übersenden Sie mir Ihre Durchwahl.

Mit freundlichen Grüßen

Dr. J."

Als ich später nach Hause kam, sah ich die schnelle Antwort der Dame, die wenig erfreut über den Direkt-Kontakt schien und auch auf die sinnvolle persönliche telefonische Terminabsprache wie beim ersten Mal mittlerweile verzichten wollte.

14.37 Uhr hatte sie zurückgeschrieben. Hatte sie einen freien Nachmittag?

„Guten Tag Herr Dr. J.,

ich habe Ihnen zwischenzeitlich einen neuen Termin zuge-sandt, die Einladung erhalten Sie per Post.

Mi, 18. September um 16:00h.

Bitte schicken Sie Emails an mich ausschließlich an die o.g. E-Mail-Anschrift. Sollte ich nicht im Hause sein, ist es meiner Vertretung nicht möglich, auf das Postfach zuzu-greifen und eine Antwort ggf. erst nach meiner Rückkehr erhalten.

Ich wünsche Ihnen eine angenehme Woche und Erfolg bei Ihren weiteren Bewerbungen.

Mit freundlichen Grüßen

H. .F.

Team Akademische Berufe

Agentur für Arbeit Hannover

Telefon: 0800 4 5555 00 (kostenfrei)

E-Mail: Hannover.xxx-akademiker@arbeitsagentur.de"

Man muss kein IT Fachmann zu sein, um spontan mehrere andere Möglichkeiten im Kopf zu haben, dass für alle eine zeitnahe Information möglich ist.

Die Dame von der Agentur ging sogar bis zum Postweg zurück, also in der Entwicklung der Tele-Kommunikation bis kurz nach die Innovation des reitenden Boten.

Und gleich ging es los, der Mailverkehr, um einen gemein-samen Termin zu finden. Wenn es jemand mit diesem un-geeigneten Medium versucht, sollte er wenigstens 3 verschiedene, bei ihm selbst mögliche Termine alternativ anbieten.

Dienstag 27. August

Mittags schrieb ich zurück.

„Guten Tag Frau F.!

Zunächst möchte ich mein Bedauern darüber ausdrücken, dass wir gestern nicht die Gelegenheit hatten, uns persönlich kennen zu lernen.

Ich war leider in einem Gerichtstermin bis in den Nachmittag gebunden.

Für unser Gespräch schlage ich Mo, den 2.9., Mi, den 4.9., Mo - Do, 9. - 12.9., idealerweise mittags, oder einen späteren Termin ab Mo, dem 30.9., vor.

Aus heutiger Sicht werde ich die 3. und 4. September Woche nicht verfügbar sein, was sich in den nächsten Tagen klären wird.

Ich hoffe, diese Mail erreicht sie umgehend, damit wir keinen unnötigen Zeitverzug haben.

Mit freundlichen Grüßen

Dr. Max. S. Justice"

Für mich war es durchaus vorstellbar, dass zentral eingehende Mails von einer Zentral-Dame oder einem Zentral-Herren mit Zeitverzug weiterverteilt wurden. Wie unsinnig.

17.55 Uhr bekam ich die Antwort.

„Guten Tag Herr J.,

da ich Sie telefonisch nicht erreichen konnte bitte ich um Mitteilung (auch tel. möglich über die Service-Hotline!) ob Sie den Termin am 18. September wahrnehmen können.

Dies in Kürze vorab.

Mit besten Grüßen

H. F.

Team Akademische Berufe

Agentur für Arbeit Hannover"

Mein Dr. war weg und es war wohl zu schwierig mit der 3. und 4. September Woche gewesen. Ob das mich *„telefonisch nicht erreichen können"* an eingegipsten Händen oder an dem Wählen falscher Telefonnummern gelegen hatte, wusste ich nicht. Sicher war nur, dass niemand in Abwesenheit meine Rufnummern gewählt hatte.

Also wieder eine Mail, um 19.00 Uhr, vielleicht war die Dame ja heute in Spätschicht.

„Guten Abend Frau F.,

ein Treffen an einem der 6 von mir vorgeschlagenen Tage wäre schön, damit ich die Zeit für uns blocken kann.

Wie gesagt, aus heutiger Sicht kann ich den 18. September nicht wahrnehmen.

Einen schönen Abend und freundliche Grüße

Dr. Max. S. Justice"

210

Mittwoch 28. August

Wieder zu Hause zeigte die Dame von der Arbeitsagentur ihre Kooperationsbereitschaft. Das war sehr erfreulich.

„Guten Tag Herr Dr. J.,

In Abstimmung der Termine habe ich die Buchung am 18. September storniert und Ihnen im gewünschten Zeitraum eine Einladung zugesandt:

Mittwoch, 11. September, 15:00h

Die formale Einladung erhalten Sie per Post.

Ich wünsche Ihnen alles Gute und verbleibe

mit freundlichen Grüßen

H. F.

Team Akademische Berufe

Agentur für Arbeit Hannover

„

Die Buchung des Gesprächstermins, das klang ja fast nach Urlaub. Egal, endlich passte es. Abends bestätigte ich den Termin in der Hoffnung, dass nichts Unerwartetes dazwischen kommen würde.

„Sehr geehrte Frau F.,

ich bedanke mich für Ihr Entgegenkommen und bestätige hiermit unseren Termin am Mittwoch, dem 11. September, 15.00 Uhr.

Mit freundlichen Grüßen
Dr. Max. S. Justice"

Mittwoch 11. September

Um 15.00 war mein Termin mit der Dame von der Arbeitsagentur.

14.40 Uhr erreichte ich den Haupteingang des großen Gebäudekomplexes der Arbeitsagentur Hannover. Beide zweiflügeligen Türen waren verschlossen. Nach dem Klingeln und Vorstellen via Sprechanlage bzw. der Nennung des Namens der Dame, mit der ich einen Termin hatte, öffnete der Pförtner per Summer die rechte Tür. Nach 3 Minuten war ich im richtigen Block auf der 4. Etage im richtigen Flur.

Die Dame mit der ich telefoniert, gemailt und heute von ihr zu diesem Termin geladen war, hatte gleich das erste Büro auf der rechten Flurseite.

Sie schien noch einen Besucher zu haben, einen Arbeitssuchenden oder einen Arbeitslosen, denn über ihrem Namen und der Raumnummer an der Wand neben ihrer Bürotür steckte das Sperrschild *„Beratung, bitte nicht stören"*, schwarz auf weiß, ordentlich ausgedruckt.

Also klopfte ich nicht an. Nachdem ich mir 2 Broschüren aus einem Regal geholt hatte, setzte ich mich auf einen Metallsitz ohne Lehne im Flur.

Die Broschüren *„Der Arbeitsmarkt für Akademiker/innen in Deutschland, Ingenieurinnen und Ingenieure"* und *„E-Learning: Weiterbildung leicht gemacht"* waren brandaktuell, die erste war 3, die zweite 4 Jahre alt. Nach einem

Daumenkino in den Broschüren ließ ich meine Augen durch den Flur wandern.

Im vorderen Flurbereich waren 4 von 5 Büros mit dem weißen Sperrschild „Beratung, bitte nicht stören" geflaggt.

Zumindest bei meiner Dame stimmte es nicht, denn sie kam kurz vor 15.00 Uhr mit einem Pott Tee zu ihrem Büro zurück und ich hatte so lange wartend neben und vor ihrem Büro auf dem Flur gesessen.

Sie hatte ihre Bürotür von außen in Augenhöhe mit 3 DIN A4 Blättern, die beidseitig bedruckt waren, dekoriert und nur mit jeweils 2 kurzen Tesafilm-Streifchen angeklebt, damit man blättern, beide Seiten sehen konnte. Diese Büro externe Pinnwand sah grauenhaft unordentlich aus.

Ich sprach die Dame an. Sie war eine gepflegte Frau in den 50ern, gut gekleidet, mit Make up und Lippenstift. Nein, sie wäre jetzt mit einer Dame verabredet, nicht mit einem Herrn.

Das ging ja gut los. Ich erwiderte, dass ich unseren Termin sogar schriftlich von ihr habe.

4-mal sagte ich auf ihr Fragen meinen Namen, mindestens 2-mal zu viel, zumal mein Name wirklich nicht kompliziert ist.

Sie hatte einen Termin am 30. September für mich. Nein, den habe ich nicht oder noch nicht, antwortete ich ihr.

Sie wollte mich unbedingt wieder loswerden. Ich dachte nur, bestimmt nicht, denn ich komme eh nicht drum herum und habe schon über 6 Wochen auf dieses Gespräch gewartet. Also dann jetzt.

Die ebenfalls für diese Uhrzeit einbestellte Dame, eine junge Frau, Mitte 30, war natürlich mittlerweile auch da, was die Beraterin der Agentur sehr unruhig werden ließ.

Bei der jungen Frau hatte sie mehr Glück. Sie war offensichtlich bereits arbeitslos. Denn nach der Terminverschiebung auf nächste Woche, meldete sie sich bis einschließlich zum Wochenende bei der Beraterin aus Hannover ab.

Sofort war die Herrin Arbeitsagentur-Beraterin wieder ganz die alte, der Puls war wieder ruhig, sie hatte der jungen Frau ja auch 2 Arbeitslosen-Tage frei gegeben, in denen diese nicht über ihr Tun und ihren Aufenthaltsort reporten musste.

Dennoch waren die nächsten 10 Minuten von ihrem Entsetzen über den Doppeltermin erfüllt, bis es sich endlich herausstellte, dass es mein Fehler war.

Ich war im falschen Zimmer, in Zimmer 1 und nicht wie in der von ihr geschickten Einladung in Zimmer 4. Einen Namen zu dem Zimmer 4 gab es in der Einladung nicht.

Ich verabrede mich immer mit einer Person, einem Menschen, nicht mit einem Zimmer. Und in diesem Fall eben mit ihr, der Dame, mit der ich telefoniert, Mails geschrieben und von der ich die Einladung per Post zu diesem Termin bekommen hatte. Also schaute ich nach ihrem Namen an der Tür, nicht nach der Raumnummer. So führte ich es ihr aus.

Die mir zugeteilte Raumnummer beheimatete eine jungen Mann, Anfang 30, an die 2 m lang, unrasiert, kurze Haare, in einer Billigjeans und in einem Sweatshirt, das er wohl vor 10 Jahren aus dem Altkleidercontainer gezogen hatte, also in schlechten Heimwerkerklamotten, aber definitiv nicht dafür gekleidet, um für das Land Niedersachsen mit Bürgerkontakt zu arbeiten und dies unkündbar lebenslänglich vom Steuerzahler bezahlt zu bekommen.

Wir waren jetzt also in ihrem Büro und die Dame näherte sich in ihrer Stimmung einem Punkt, beginnen zu können.

Ich hatte ihr Büro schon mit Blicken gescannt. Es gab viel Krempel. Niedlich war auch die große bunte Wanduhr in ihrem Raum. Die Uhr war okay, aber sie ging 15 Minuten vor, sagte wohl, bloß nicht den Feierabend verpassen.

15 bis 20 Minuten surfte die Dame für die Erfüllung ihrer Vorschriften für mich durch einige Stellenbörsen, die schlechteren, denn bei Internet Stellenbörsen war ich Profi. Sie suchte nach freien Stellen für Techniker, setzte aber keinen Filter, so dass in Konsequenz zwar viele Angebote zu sehen waren, diese sich aber primär auf technisch orientierte Sachbearbeiter bezogen.

Sie fand eine technische Geschäftsführung im Saarland, die nicht zu mir passte. Ich erinnerte mich an die Ausschreibung. Sie stammte aus dem Mai diesen Jahres. Ich kommentierte nur trocken, dass diese Vakanz eh schon tot sei, weil bereits 4 Monate alt. Das ließ sie nicht gelten, denn Großunternehmen brauchen doch intern 6 bis 9 Monate, teilweise länger für die Stellenfreigabe.

Eben, für die Stellenfreigabe intern, nicht für die externe Besetzung.

Wie sollte diese Frau mir helfen?

Eine völlig sinnlose halbe Stunde war weg. Dann fing sie an, mein bereits telefonisch begonnenes Profil weiter anzulegen, so gut wie es die Vorgabemaske hergab. Nach Schulnoten war das bestenfalls eine 3 minus.

Ich erinnerte sie an die Ergänzung der persönlichen Eigenschaften, mehr als 5 von etwa 30 zur Auswahl stehenden durfte man aber nicht nehmen. Das ließ das System nicht zu.

Ich solle doch mit der zentralen Managementvermittlung in Bonn Kontakt auf eine Ausschreibung aufnehmen, auch wenn die für mich nicht zutreffend war, damit die Kollegen dort den Fall, nämlich meinen, übernehmen. Dann müsste ich aber bundesweit vermittelbar sein. Das hatten wir vor Wochen am Telefon schon mal gehabt, am Tag des ersten Kontaktes, am Donnerstag, dem 25. Juli, an dem sie mir ihren Super-Link zu ihren Bonner Kollegen zugemailt hatte.

Es war schon immer besser, wenn ein anderer für einen die Arbeit macht, natürlich nur bei vollen eigenen Bezügen.

Sie wollte meine Bewerbungsunterlagen sehen, zumindest meinen Brief und meinen Lebenslauf.

Am Brief mäkelte sie rum. Ich solle mehr meine beruflichen Stationen beschreiben. Ich sagte ihr, dafür gibt es den Lebenslauf, der ist die berufliche Chronologie. Der Brief soll das Appetithäppchen sein, möglichst die Eintrittskarte zu einem Gespräch.

Ein Aufschrei bei meinem Lebenslauf. Die Eltern müssen raus, das machen nur Schüler.

Auf meine Frage, wo der Lebenslauf denn beginnen solle, antwortete sie, mit der Berufstätigkeit. Also kein Studium, keine Promotion und natürlich sollte alles rückwärts sein, von dem, wo man jetzt steht in die Vergangenheit zurück, das habe sich jetzt auch in Europa so durchgesetzt.

Ihr Vorlagenbooklet, das sie mir vorblätterte, sozusagen ihre CV-Bibel, war wie die Heftchen auf dem Flur auch brandaktuell, sogar mehr als 10 Jahre alt, denn alle darin beinhalteten Muster-CVs endeten da.

Ich erklärte ihr, dass nach den Bewerber Tipps namhafter, seriöser Personalberatungsunternehmen und von guten Internet Stellenportalen, der amerikanische Rückwärts-Stil oder der deutsche Vorwärts-Stil auch heute noch gleich gut und durchaus üblich sind.

Bei allen von mir in den letzten Jahren gesichteten Lebens-laufen, um Bewerber für meine Ex-Firma auszuwählen, war mir das Vorwärts immer lieber gewesen. Bevor ich jemand zum Gespräch habe einladen lassen, wollte ich wissen, wo kommt er her, was hat er gemacht, Ausbildung und berufli-cher Werdegang, wie waren seine Stationen, der Reihe nach und wieso bewirbt er sich hier, chronologisch, vor-wärts eben.

Den Rest findet man schnell im persönlichen Gespräch heraus.

Wir näherten uns 1 Stunde Beratungszeit und ihre Ab-zur-Stempeluhr-Uhr zeigte schon kurz nach 16.00 Uhr. Sie wurde sichtbar unruhig. Es war ihr genug.

Ich dachte nur, wann beginnt denn jetzt die Beratung?

Freundlich sprach ich sie auf den Fragebogen zum Migrati-onshintergrund an. Dieser war freiwillig auszufüllen und mitzubringen. Ich hatte ihn fertig angekreuzt mit in meinen Unterlagen und wirklich keine Verwendung dafür.

Das mache ich gleich am PC, kam als Antwort. Aus den 8 Fragen auf dem Bogen wurden 3. Und die 3 Seiten, beid-seitig bedruckt, waren wieder mal etwas Papier für die Tonne, die blaue Tonne fürs Altpapier und gar nicht CO_2-neutral.

Ich wollte mich zur Selbständigkeit beraten lassen, trug vor, was ich im Sinn hatte, Unternehmensberatung oder Bücher schreiben, legte mehrfach nach. Nichts kam.

Auf dem Beratungsbogen, der zum Gespräch ebenfalls mitzubringen war, gab es hierfür extra ein vorgedrucktes Feld. Ich hatte es angekreuzt. Das hieß, ich war primär daran interessiert.

Es gab keine Fragen zum Gehalt, dem aktuellen und dem für das ich wieder Vollzeit arbeiten würde, der eigenen Schmerzgrenze, nichts, gar nichts. Alles das waren Pflichtfelder in den Formularen, die der Arbeitssuchende zum Beratungsgespräch mitzubringen hatte.

Wir wollen die Menschen wieder in sozialversicherungspflichtige Arbeit bringen, sagte die Dame. Aha, der Apparatschik sollte bezahlt werden.

Ich sagte ihr, wie schön es wäre, wenn sie mich so gut zur Selbständigkeit beraten würde, dass ich mittelfristig Mitarbeiter anstellen und dafür Sozialabgaben bezahlen würde.

Wenn ich arbeitslos wäre, würde sie mir auch mal 3 Wochen frei geben, gar nicht nachfragen, was ich täte. Dann könnte ich in dieser Zeit doch gut meine Selbständigkeit ausprobieren, ob es funktionierte.

Obwohl ich die Ruhe selbst war, stellte dies noch eine Steigerung ihres Blödsinns dar und am liebsten hätte ich sie gefragt, wie sie sich das denn vorstellte.

Ich schenkte es mir und bog ab, formulierte keine Lücken im Lebenslauf haben zu wollen und nach eben erfolgloser Arbeitssuche nach Ablauf meines Vertrages in meiner Ex-Firma dann mit einer Selbständigkeit als Berater im CV fortzusetzen.

Auch darauf kam ein Spitzenvorschlag. Machen sie doch ein Sabbat-Jahr. Das wollen doch alle Manager, können es aber nicht. Was meinen sie, wie die sie beneiden.

Bei der Frau schockte mich nun fast nichts mehr. Ich erwiderte nur, dass die mich dann nach einem Sabbatjahr, und noch ein Jahr älter, sicher sofort einstellen, da sie ja so neidisch auf mich sind.

Nahm man diesen Vorschlag mal ernst, müsste sie mich ein Jahr aus der Arbeitslosigkeit in das Sabbatjahr entlassen, wahrscheinlich ohne Arbeitslosengeld. Dann war es für sie ja schön. Für mich blieb dann die Frage, wohin ich denn ohne ein Einkommen zurückkommen sollte. Das eine Jahr weg würde doch das eigene Sparschwein schon sehr schlank werden lassen.

Bis 16.45 Uhr zog sich das Ganze hin.

Im Rausgehen nutzte sie ihre externe Pinnwand an der Bürotür. Ein Blatt von der Universität war eine der angeklebten Seiten, vom Produktionstechnischen Zentrum in Garbsen, einer angrenzenden Vorstadt von Hannover. Da solle ich doch mal hingehen und mir Vorträge anhören. Einen Vortrag gab es zum Thema Lean Management.

Ich antwortete ihr, ich könnte so einen Vortrag halten, sogar mit realen Industriebeispielen und nicht nur theoretisch, und ich kenne die beiden Professoren. Der eine hatte mit mir studiert, der andere war zu meiner Zeit als wissenschaftlicher Mitarbeiter studentische Hilfskraft gewesen.

Und wir kamen tatsächlich auf das Thema Geld. Alle sollen in sozialversicherungspflichtige Arbeit, möglichst in Eigeninitiative, damit sie ihre Ruhe hatte.

Abschließend sagte ich der Dame folgendes: Sie kennen als einer von ganz wenigen Menschen mein Jahresgehalt und sie können sich vorstellen, was für Abgaben da bei Steuerklasse 1 jedes Jahr abgehen. Es ist wahrlich nicht mein Ziel arbeitslos zu werden, aber ein schlechtes Gewissen bräuchte gerade ich beim Bezug von Arbeitslosengeld nun wirklich nicht haben. Im Gegenteil.

Bis zum 16. Oktober sollte ich mich bei ihr melden und sie würde schon mal einen nicht echten Termin am 10. Dezember eintragen, nur so als Merker.

So war es also wohl passiert, das anfängliche Termindurcheinander und der vermeintliche Termin bei ihr, in ihrem Raum, am 30. September, der mir nicht bekannt war.

Ich ging im Regen ohne Schirm, wie passend, zu meinem ca. 1 km entfernt stehenden Auto. Ich hatte der Pflicht Genüge getan, aber wo war jetzt für mich der positive Effekt. Wieso unterstützt der Staat durch seine Beamten nicht seine Bürger, wenn die es tatsächlich mal brauchen? Wofür war diese Frau überhaupt da? Ich hatte nichts dazu lernen können und unterm Strich nur meine Zeit und meine Nerven verbrannt.

Ein Ausflug in eine nicht ergebnisorientierte, träge, dauerfremdbezahlte, warme Welt der Dauer- und Super-Zeitlupe.

Ich überlegte, ob ich mich beim Leiter der Arbeitsagentur schriftlich beschweren sollte. Würde das was ändern? Wohl nicht.

Sonntag 15. September

Ich wollte die schlappe Null-Nummer der Arbeitsberatung nicht auf sich beruhen lassen und schrieb mittags den Vorgesetzten der mir zugeteilten Dame an, der im Status eines Teamleiters war. Den Namen hatte ich mir letzten Mittwoch aufgeschrieben, direkt von dem Türschild seines Büros abgelesen. Vielleicht war er ja in der Lage und willens einem Arbeitssuchenden zu helfen.

„Sehr geehrter Herr R.,

ich habe letzten Mittwoch, am 11. September, um 15.00 Uhr meinen ersten für Arbeitssuchende obligatorischen Termin bei Ihrer Frau F. wahrgenommen.

Mein primäres Anliegen war eine Beratung zur Selbständigkeit.

Leider konnte Ihre Mitarbeiterin mir keine Hilfe geben.

Daher bitte ich Sie um Unterstützung.

Bitte übersenden Sie mir Ansprechpartner, die zum Thema Einstieg als Unternehmensberater und Veröffentlichung von Büchern informieren können.

Ich bedanke mich im Voraus für Ihre zeitnahe Antwort.

Mit freundlichen Grüßen

Dr. Max. S. Justice"

Mittwoch 18. September

Das Arbeitsamt, die Arbeitsagentur, wie es heute heißt, antwortete, nicht der Teamleiter, sondern ein Mitarbeiter.

„Sehr geehrter Herr Dr. J.,

als Abwesenheitsvertreter von Herrn R. möchte ich gerne auf Ihre Email antworten.

Ihr primäres Anliegen ist die Aufnahme einer selbstständigen Arbeit.

Wir haben in unserem Hause leider keine eigenständige Existenzgründungsberatung.

Wir beraten Sie gerne bezüglich unserer Existenzförderungsprogramme. Damit endet unser gesetzlicher Auftrag.

Frau F. hatte Ihnen freundlicherweise einige Recherchemöglichkeiten zum Thema Buchveröffentlichung und Aufnahme einer Selbstständigkeit aufgezeigt und Sie über unsere Fördermöglichkeiten informiert.

Im Übrigen müssen wir Sie bitten, sich an entsprechende Unternehmensberater bzw. Steuerberater Ihres Vertrauens zu wenden. Diese können wir als Bundesagentur für Arbeit nicht ersetzen.

Ich bedanke mich für Ihre Aufmerksamkeit.

Mit freundlichen Grüßen

T. W.

Team Akademische Berufe

stellv. Teamleiter

Bundesagentur für Arbeit

Agentur für Arbeit Hannover"

Wie bereits geschrieben, war die Beratung zur Selbständigkeit als eine ausdrückliche Option auf den vom Arbeitssuchenden auszufüllenden Formblättern der Arbeitsagentur zu lesen und anzukreuzen, vorgedruckt auf Seite 1 des Teils 3 *„Vorbereitung Vermittlungsgespräch".* Dies galt auch für Akademiker. Meine Ansprechpartner waren schließlich vom *„Team Akademische Berufe".*

Dieser Abwesenheitsvertreter, dies ist die korrekte Formulierung, der Stellvertreter hätte es aber auch getan, schrieb mir also, es gibt *„keine eigenständige Existenzgründungsberatung",* aber *„Wir beraten Sie gerne bezüglich unserer*

Existenzförderungsprogramme". Und damit ist basta, *„Damit endet unser gesetzlicher Auftrag"*.

Wie sollte denn bitte was gefördert werden, was noch nicht existierte, eben noch nicht gegründet war?

Oder bedeutete es, du machst nichts anderes, aber wir gießen vielleicht was von unseren Fördermitteln über dich drüber, wenn du dich anständig benimmst.

Auf jeden Fall war klar, dass dieser Mensch nicht gewillt war, einen kleinen Handschlag mehr zu tun, als das, was er unbedingt musste. Im Gegenteil, bei so einem Totschläger des *„endenden Auftrags"*, würde er so wenig wie irgend möglich tun und sich dahinter verstecken, seiner individuellen Interpretation seines Auftrag-Endes.

Auch der nächste Satz war klasse. Seine Kollegin hatte sich offensichtlich total engagiert in den Graubereich hinter dem Auftragsende der Arbeitsagentur vorgewagt, ganz freundlicherweise. Die *„Recherchemöglichkeiten zum Thema Buchveröffentlichung und Aufnahme einer Selbstständigkeit"* bestanden in 2 Internetadressen aus der ersten Trefferseite bei Google, die ich schon lange kannte.

Die Informationen der Dame *„über unsere Fördermöglichkeiten"* bestanden in der Aussage, dass es sowas gebe, nicht in konkreten Angaben, mit denen der Arbeitssuchende etwas hätte anfangen können.

Zum Ende des Schreibens wurde es geradezu kryptisch. Ich solle *„entsprechende Unternehmensberater bzw. Steuerberater meines Vertrauens"* um Rat fragen. Sollte ich zurückschreiben, ob dieser für mich sicher nicht kostenfreie Rat dann gefördert werden würde und mit wieviel Prozent der Aufwendungen oder abhängig vom privaten Umfeld mit Pauschalbeträgen?

Dafür gibt es doch bestimmt Formblätter.

Dieses Schreiben hatte den Herrn scheinbar so viel Kraft gekostet, dass er sich - danach - selber auf einem Redner-pult gerade erschöpft zusammenbrechen sah, umgeben und hinein in tobendem Beifall.

Anders konnte ich mir zumindest den putzigen und in einer E-Mail nicht nachvollziehbaren Satz *„Ich bedanke mich für Ihre Aufmerksamkeit"* nicht erklären.

Hier hatte ein weiterer Steuergeld-Fresser geschrieben, den die Welt nicht brauchte.

Donnerstag 3. Oktober

Und das Arbeitsamt war auch noch dran. Die Leute dort konnten oder wollten mir eh nicht helfen und es war ihnen auch völlig egal gewesen. Im September war es meinem Anwalt und mir endgültig nach fast einem Jahr hin und her gelungen, einen außergerichtlichen Vergleich mit meiner Ex-Firma zu vereinbaren.

Diese Geschichte ist mit ihren Details im Buch „Manager Attentat" berichtet.

Es gab mir Zeit für den Start in die Selbständigkeit. Also sollte mich die Arbeitsagentur erst mal wieder auslisten.

Ich schrieb den Teamleiter und meine sehr spezielle Ge-sprächspartnerin vom 11. September an.

„Sehr geehrter Herr R., sehr geehrte Frau F.,

ich freue mich, Ihnen mitteilen zu können, mich mit meinem Arbeitgeber geeinigt zu haben, so dass ich ab dem 1. No-vember nicht arbeitslos sein werde.

Bitte löschen sie alle im Zusammenhang mit meiner Meldung zur Arbeitssuche erhobenen bzw. gespeicherten personenbezogenen Daten sowie, wenn vorhanden, Gesprächsprotokolle.

Bitte beteiligen sie ggf. den Datenschutzbeauftragten.

Ich bitte um schriftliche Bestätigung der erfolgten Löschung via Mail bis spätestens zum 31. Oktober.

Vielen Dank und freundliche Grüße

Dr. Max. S. Justice"

Irgendwelche präzisen Angaben hatten diese Herrschaften nicht zu interessieren. Schließlich hatte ich mit meiner Ex-Firma sowieso Stillschweigen über die Inhalte des Vergleichs vereinbart.

In schlechter Stimmung hatte ich mich ausgehend von meiner eigenen Momentaufnahme schon mal gefragt, ob die arbeitsunwilligen Arbeitslosen, dies sind mit Sicherheit nicht alle Arbeitslosen, oder die arbeitsunwilligen oder arbeitsunfähigen Mitarbeiter der Arbeitsagentur die größeren Sozialschmarotzer sind.

Ich war gespannt, ob die Bitte nach Löschung meiner personenbezogenen Daten ernst genommen werden würden.

Montag 7. Oktober

Der Teamleiter der Arbeitsagentur antwortete.

„Sehr geehrter Herr Dr. J.,

Zur ihrer Bitte um Löschung ihrer Daten möchte ich Ihnen mitteilen, dass es Archivierungsfristen gibt.

Die Dauer der Archivierungsfristen hängt von der erbrachten Dienstleistung ab, in ihrem Fall bei 10 Monaten nach Fallabschluss.

Nach Ablauf der Frist werden die Daten gelöscht.

Die Agenturen für Arbeit müssen im Rahmen von Prüfungen und als Nachweis für erbrachte Leistungen Archivierungsfristen einhalten (Bundesrechnungshof, Bundesministerium, Innenrevision).

Für ihren weiteren beruflichen Werdegang wünsche ich Ihnen viel Erfolg.

Mit freundlichen Grüßen

D. R.

Team xxx

Teamleiter Arbeitsvermittlung für Akademische Berufe"

Das mit der erbrachten Dienstleistung hätte man diskutieren können, aber sei es drum. Ich antwortete dem Mann sachlich im Businessstil. Es war möglich, da er sich nicht hinter irgendwelchen Sammel-Mailadressen oder Sammeltelefonnummern versteckt hatte.

„Guten Tag Herr R.,

Danke für Ihre schnelle Antwort.

Bitte stellen Sie sicher, dass meine Daten während der Speicherfrist gesperrt und nicht mehr abrufbar sind.

Mit freundlichen Grüßen

Dr. Max. S. Justice"

Und nun zur letzten Geschichte in diesem Buch. Sie beginnt, wie fast alle, mit dem Entdecken einer Stellenausschreibung im Internet, gefolgt von einer Recherche über das suchende Unternehmen. So wie immer, wenn dies möglich war, und der Entscheidung, eine Bewerbung fertigzustellen und abzusenden.

All dies beginnt am Dienstag, dem 13. August.

Dienstag, 13. August

Über 10 Monate versuchte ich nun meine mögliche Arbeitsleistung einem Unternehmen anzubieten oder radikaler gesagt, meine Arbeitskraft zu verkaufen. Alles ohne Erfolg. Die Gründe der einzelnen Absagen interessieren einen, um sich verbessern zu können. Ansonsten sind sie letztendlich aber nachrangig. Die Uhr der Arbeitslosigkeit tickte bereits und das Ticken wurde lauter.

Sicherlich bewegte mich auch dies zu dem nachfolgenden schriftlichen Exkurs in diesem Bericht.

Eine Fernsehsendung stachelte mich zu einer kleinen Geschichte, zu diesem Exkurs an. Aus meiner misslichen beruflichen Situation heraus, machte mich diese Sendung geradezu aggressiv, nur frustriert wäre nicht stark genug.

Nach den 19.00 Uhr Nachrichten ließ ich den Fernseher weiterlaufen. Wie immer folgte die Kulturzeit. 3SAT gehört zu meinen Lieblingssendern. Zusammen mit Arte, Phönix, NTV und N24 gibt es hier noch Sendungen mit Inhalt und nicht nur die üblichen Filmchen aus der Rubrik Brot und Spiele für das Fernseh-Volk vieler anderer Sender.

Außerdem finde ich es schön, Filme am Stück, ohne Werbeunterbrechungen, schauen zu können. Von manchen Werbespots kommt man ja beim Wegknipsen eben nicht weg, da diese scheinbar zeitsynchron auf mehreren Kanälen ausgestrahlt werden.

Amazon hatte die Washington Post gekauft, die Zukunft der Printmedien, Zeitungen, lokale Zeitungen. Eine deutsche Verlagsgruppe aus Essen, die Funke Gruppe, hatte sich aktuell durch Zukäufe weiter vergrößert, Springer setzt auf die digitale Zukunft, das war der erste Bericht.

Ganze Lokalredaktionen waren in den zugekauften Tageszeitungen entlassen worden. Die Lokalteile für diese Zeitungen wurden jetzt zentral gemacht, was für ein Paradoxon.

Und Journalisten mögen es nicht, wenn ihr Berufsstand auch nur im allergeringsten angerührt wird. Jedes Anrühren ist ein Angriff. Dann gibt es immer viele Berichte im Fernsehen und den Printmedien. Sie sitzen ja sozusagen an der Quelle der Informationssteuerung und Informationsverbreitung.

Es folgte ein Interview.

Die Moderatoren dieser Sendung gehören zu den guten, können mit Sprache umgehen, das macht es interessant, Berichte aus dieser anderen Welt, der Kulturwelt, der Luxuswelt, zu hören und zu sehen.

Die Dame heute ließ mich jedoch erschaudern. Mitten im Interview war die Wortfolge „Ich würde sagen, dass..., weil..." zu hören.

Es ist Indikativ, nicht Konjunktiv, sie hat es gesagt, sie hat eine Vermutung formuliert und ausgesprochen. Dann kam die nicht erforderliche Begründung ihrer Vermutung, mit dem Monokausalität implizierenden und vermeintlich Komplexität reduzierenden Todes-Wort weil.

Das wird nun gerade dem Anspruch dieser Sendung nicht gerecht. Die kann es sonst besser.

Es kam der nächste Bericht, der nächste Film.

Die Moderatorin leitete zu dem Thema über. Es gehtg um Kunstsammler und Kunstsammlungen. Ich benutze bewusst, dass medial so beliebte Präsens. Die sogenannte Boulevard-Presse hätte getitelt *„Kunst nur noch für eine Elite?!"*

Der Bericht beginnt mit einem Statement eines Kunsthistorikers. Der Mann ist total durchgestylt, sollte aber den Typberater wechseln. Er ist knappe 50, 5 Tage nicht rasiert, 5 Monate nicht beim Friseur gewesen, die Haare sind vorne bereits weg, hinten schütter, so dass er was sehen kann, keine Fransen vor den Augen hat, mindesten 5 Jahre war er sowieso nicht gekämmt. Freizeithose, Hemd, Sakko, monströser Schal, klar, es ist Hochsommer, aber das gehört zum Kunst-Image.

Der Mann sagt seinen ersten Satz: *„Das Problem ist, weil der Staat nicht mehr so viel Geld an die Museen gibt!"*

Schon wieder läuft es mir kalt über den Rücken. Können diese Schöngeister nicht wenigstens anständig reden?

Schon wieder Primaten-Rhetorik, schon wieder der Tyrann weil, wie es andere Autoren schon einmal genannt haben, dieses kleine Wort weil, das doch eigentlich nur dazu da ist, Sätze sprachlich miteinander zu verbinden. Dann noch in Kombination mit einem weiteren Trend-Wort, dem Wort Problem, auch noch das Problem. Der Mann ist sicher der Chef-Analytiker.

Sein *„das Problem"* ist sicher aus seiner persönlichen Sicht eine Schwierigkeit oder ggf. die größte Schwierigkeit, aber ebenfalls sicher kein Problem, denn Probleme kann man meist nicht einfach mit Geld lösen.

Aber sein erstes *„das Problem"* mehr Spielgeld für sich und seine Kunst haben zu wollen, war gar nicht *„das Problem"*, denn es gab gleich noch ein *„das Problem"*, ein zweites Problem, die privaten Sammler, die eben dieses Geld hatten.

Nach Darstellung des Berichtes treten vermehrt private Kunstsammler, mit privaten Museen auf, wenn dieses Wort hier anwendbar ist, was ich als Industrie-Mann und Nicht-Kunst-Mann nicht entscheiden möchte.

Unser Kunsthistoriker sprach offensichtlich aus dem sicheren Schutz-Nest der öffentlichen Hand Bezahlung. Er forderte mehr, um mehr zeigen zu können, von der Arbeit anderer, der Künstler.

Das Bild des Kuckuckskükens drängte sich mir auf. Nichts tun außer fordern und fressen, mehr, mehr, mehr, von der Arbeit anderer, den Steuerzahlern profitieren und sich dick und breit machend.

Ein erster Bösewicht wird im Film gezeigt, ein privater Sammler, der es dem Kunsthistoriker und den Museen, den öffentlichen, so schwer macht.

Ein schlanker, glatzköpfiger Mann, ca. 60 oder knapp drunter, steht vor der Kamera. Es ist eingeblendet im Untertitel, ihm gehöre eine Werbeagentur. Ob bewusst oder nicht unterstreicht der Mann seine mit viel äh geäußerten zerhackten Sätze mit einer Hilflosigkeit vermittelnden Körpersprache.

Er hat auch schon wieder ein Problem. Er weiß nicht wohin mit seinem Geld. Er müsste ja nur den Kunsthistoriker kennenlernen, dann wäre doch alles gut. Aber nein, er fühlt sich zur Kunst berufen, er fühlt das in sich.

Erschwerend oder bestärkend kommt hinzu, dass viele Dinge, die ein Mann mit Geld früher so gehabt hat, heute einfach peinlich geworden sind, nicht mehr gehen, keine Yacht, kein Privatjet, keine Uhr mit Golddiamanten.

Letzteres fand ich am schönsten, kannte ich doch bisher nur Blutdiamanten.

Die Sprecherin des Films kommentiert: durch Kunst wird der Kaufmann zum Kulturmann.

Meine eher bodenständige Version lautet: ein Prolet ist und bleibt ein Prolet, auch wenn er noch so viel Geld hat, durch welchen „Glücks-Zufall" auch immer. Da gibt es zu viele Beispiele.

Der Bericht ist gut aufgebaut. Die vermeintliche andere, die öffentliche Seite ist wieder dran. Ein Museumsmann kommt zu Wort, wieder unbeschreibliches Leid, wieder eine Schildkröte, die sich für das Filmchen kurz auf den gepanzerten Rücken gelegt hat, um besser rüber zu kommen. Die privaten Sammler ziehen ihm nicht nur die Kunstobjekte weg, sondern auch noch die Besucher, da die Privatleute durchaus ihre Objekte nicht wegschließen, sondern zeigen.

Dieses Zeigen, vermutlich gegen Eintritt, um weiter sammeln zu können und um selber größer zu wirken, zu werden. Das kann eigentlich niemand überraschen.

Über den ersten privaten Kunst-Sammel-Ausstellungs-Unternehmer wird eine wachsende Besucherzahl von jährlich 140.000 Menschen berichtet. Das bringt schon Geld zum Pflegen des Gesammelten und Weitersammeln. Fast kommt sein Problem des unpeinlichen Geld Ausgebens wieder hoch, ein Teufelskreis.

Vielleicht ist der Mann mit der Werbeagentur in Wirklichkeit ein findiger Geschäftsmann, der sich gerade sehr erfolgreich ein 2. Standbein aufgebaut hat, ob dazu berufen oder nicht.

Eine sehr attraktive Frau, ca. 40, von den Privaten Sammlern kommt ins Bild. Sie steht in einem ansonsten einrichtungsfreien Raum in dem mehrere große Flachmonitore an den Wänden befestigt sind. Sie sei Gesellschafterin eines Automobilzulieferbetriebs, ob geerbt oder nicht wird nicht ausgeführt.

Die Frau sammelt bedeutende Video-Kunst. Die Dame sagt mit einem tiefen, zufriedenen Lächeln von innen, von ganz innen, wie sehr sie es genießt, hierher kommen zu dürfen, in ihren Videoraum, und diesen Film zu sehen, ein wertvolles, älteres Stück aus den 1960ern, in dem sich ein sportlicher, gut trainierter, junger Mann, Marke Davidoff Cool Water, den Oberkörper schminkt, wie sie begeistert ergriffen ausführt.

Jeder mochte sich seine Meinung dazu bilden.

Wäre die Sendung am 1. April gelaufen, wäre es klar gewesen.

Kunst, Geschäft, Geld, zu wenig oder zu viel, privat, verdient, nicht selbst verdient, oder aus Steuern und damit ganz sicher nicht selbst verdient, gespielte Hilflosigkeit, Image, eine andere Welt, nicht meine.

Wie gesagt, heute Abend machte mich diese Sendung aggressiv.

Ich machte den Fernseher aus und schrieb diesen Exkurs.

Vielleicht war es ja auch der Tag der Besonderheiten.

Morgens, mit viel Kaffee, hatte ich wieder einmal den Internetstellen-Scan auf den verschiedenen Plattformen durchgezogen und ein echtes Fundstück entdeckt, das mich innerlich zum Kopfschütteln gebracht hatte. Die Personalberatung mit exakt dem Berater, von dem ich vor 2 Tagen eine Absage auf eine Werkleitungsvakanz (Bewerbung 47) sehr schnell bekommen hatte, suchte jetzt für einen großen Automobilkonzern.

Klasse war, dass in der wieder sehr langen, wortreichen Ausschreibung einige Textpassagen, als immer gute Bausteine für die Branche, erhalten geblieben waren.

Gewünscht waren

„ *mehrere mobile, talentierte, technisch versierte, engagierte und durchsetzungsfähige Young Professionals (m/w) mit mehreren Jahren Berufserfahrung für ein Werkleiter / Plant Manager - Trainee zum Einsatz an verschiedenen Standorten in Deutschland und Europa*".

Rein sprachlich wäre der Satz mit Trainee-Programm vollständig gewesen, so hing der unbestimmte Artikel zusammen mit dem *„für"* in der Luft, *„als"* wäre auch eine Möglichkeit für einen einwandfreien Satz gewesen.

Schlimmer als der sprachliche Trash, war die Ohrfeige für alle gestandenen Manager, die gern ihre Dienste angeboten hätten, um mit ihrer Managementerfahrung neues Blut in die Branche zu bringen.

Ich sah meine persönliche Erfahrung bestätigt, Automotive sucht eben nur Automotive. Bös formuliert offensichtlich ein Inzuchtbetrieb, als ob andere Branchen nichts könnten.

Für die akademisch vorgebildeten Azubis ging es so weiter

„Im Rahmen eines 24-monatigen Trainee-Programms werden Sie on the job auf eine zukünftige Aufgabe als Plant Manager in einem der europäischen Produktionswerke vorbereitet.

In der Einarbeitungsphase arbeiten Sie zunächst mehrere Wochen in der Produktion in einem der Werke in Wechselschicht, um die Abläufe im Shop-Floor kennenzulernen."

Alle 3 Monate hieß es dann umziehen.

Dann ging die umfangreiche Ausschreibung zu den Anforderungen über

„Sie sind bereits mindestens zwei Jahre in einer Führungsposition im Produktionsumfeld der Automobilindustrie tätig, z.B. als Fertigungsplaner, Fertigungssteuerer, Teamleiter, Produktionsleiter, Fertigungsleiter, Qualitätsleiter oder Logistikleiter.

Sie sprechen fließend Englisch und Deutsch sowie idealerweise eine weitere Sprache.

Sie sind europaweit mobil und bringen die Bereitschaft mit, in den nächsten drei Jahren an verschiedenen Standorten zu arbeiten."

Da war es wieder, niemand aus anderen Branchen kommt rein, auch keine jungen Akademiker mit 30, Anfang 30 und ersten Berufs- und Führungserfahrungen. Wer nicht direkt nach dem Studium im Automotive-Umfeld beginnt, hat seine Chance ultimative und lebenslang verwirkt, so signalisierte es auch diese Anzeige. Das galt selbst für die, die bereit waren, dieses knackige Programm durchlaufen zu wollen.

Dann folgten die schon fast üblichen Standards rund um Lean und KVP etc..

Zum Schluss der Köder für die, die noch nicht abgeschreckt waren:

„Nach Abschluss Ihres Trainee-Programms übernehmen Sie eine interessante, herausfordernde und verantwortungsvolle Führungsaufgabe bei einem internationalen Marktführer der Automobilindustrie in Europa."

Ein kleines, aber feines Attribut fehlte: nach *„erfolgreichem"* Abschluss des Trainee-Programms.

Und wie wir von den Großunternehmen wissen, die mit Trainee-Programmen arbeiten: es werden eben nicht alle übernommen.

Viel Spaß!

Und ich hatte noch etwas gefunden. Ich hatte den Detailsuche-Filter diesen Morgen etwas anders gesetzt, ließ nach Monaten erstmals Gesuche von Beratungsunternehmen wieder mit zu, obwohl ich das Thema für mich zu dieser Zeit nur noch unter eigener Flagge weiterverfolgen wollte.

Insofern war es ein Zufall, dieses Gesuch überhaupt gefunden zu haben. Es gefiel mir: Sachlich, vernünftig, nicht so aufgeplustert, denn die Berater-Branche ist so voller heißer Luft.

Ich schaute mir intensiv den professionellen Internetauftritt der Beratung an.

„Willkommen bei xxx!

xxx Consultants sind Führungspersönlichkeiten aus allen Teilen der Wirtschaft sowie Wissenschaftler, die ihre Berufs- und Lebenserfahrung für die Beratung unterschiedlichster Unternehmen am Markt und das Coaching von Managern zur Verfügung stellen.

Wir beraten unsere Mandanten ausschließlich durch erfahrene Berater, die viele Jahre in vergleichbaren Managementpositionen wie unsere Kunden tätig waren und sich durch höchste Fachkompetenz auszeichnen. Je nach Aufgabenstellung begleiten wir unsere Mandanten im Projekt und bei der Umsetzung - teilweise bis hin zum Interim Management.

Gute Konzepte sind schön, funktionierende Lösungen besser.

Dabei steigern wir Betriebsergebnisse, entwickeln Strategien und Umsetzungs-konzepte, erhalten oder schaffen Arbeitsplätze, senken Forderungsausfälle, optimieren die Markt- und Wettbewerbspositionierung etc. Die Zusammenarbeit mit unseren Mandanten erfolgt dabei stets vertrauensvoll und auf Augenhöhe.

Unsere Managementberater sind ausschließlich Persönlichkeiten mit tiefer Expertise und teilweise mehr als 15 Jahren Erfahrung im Management und/oder in der Wissenschaft. Durch diese Erfahrungen sind wir in der Lage, Prob-

lemfelder und Aufgabenstellungen schnell zu analysieren und effiziente Handlungsempfehlungen zu geben.

xxx Consultants arbeiten in interdisziplinären Teams aus Branchenfachleuten und Spezialisten zusammen. Diese Arbeitsweise ist Garant für unterschiedliche Betrachtungsperspektiven und erfolgreiche Lösungen"

Das war alles sehr vernünftig. Ich schrieb den genannten Berater an. Es war zu dieser Zeit die 49. Bewerbung seit meiner Kündigung letztes Jahr Anfang Oktober.

Telefonat 49, Donnerstag, 15. August

Gestern hatte mich die Beratungsgesellschaft, bei der ich mich Dienstag beworben hatte, versucht zu erreichen. Ich hatte den Anruf erst abends im Mobil gesehen.

Morgens rief ich zurück. Es freute mich, gleich sofort den Herrn, den ich persönlich angeschrieben hatte, auf der anderen Seite am Draht zu haben, keine dazwischen geschaltete Assistenz oder Zentrale.

Wir telefonierten eine halbe Stunde und stellten uns gegenseitig vor. Es kamen keine penetranten Fragen nach dem Warum und Wieso, es war ein intensiver sachlicher Austausch.

Die Beratungsfirma arbeitete ausschließlich mit ehemaligen, älteren Ex-Industrie-Managern, die vernetzt über das gesamte Bundesgebiet mit ihren jeweiligen Kernkompetenzen freiberuflich agierten.

Wir verabredeten, dass ich zu einer ca. dreistündigen Info-Veranstaltung der Beratungsfirma in der übernächsten Woche nach Düsseldorf komme, um unseren positiven ersten Kontakt zu vertiefen.

Am Dienstag, dem 20. August, kam die Einladung zu dem Gespräch in den Räumlichkeiten des Wirtschaftsclubs in Düsseldorf.

Mittwoch, 21. August

Morgens telefonierte ich als erstes mit meiner Steuerberaterin. Die Frage war, wie eine freiberufliche Tätigkeit im weitesten Sinne am besten zu gestalten war. Eine eigene GmbH zu gründen würde den Aufwand erhöhen. Einmalig Rechtsanwalts- und Notarkosten, sowie in der Folge eine jährliche Bilanzierung mit Jahresabschluss und letztendlich Offenlegung des Betriebsergebnisses.

Die Steuerberaterin würde sich dauerhaft freuen, da sie mehr zu tun hätte.

Für eine geistige Dienstleistung in der Unternehmensberatung brauchte man keine GmbH zu gründen, ganz unabhängig von dem einzulegenden Stammkapital. Die Beantragung einer Umsatzsteueridentifikationsnummer beim Finanzamt reichte, um die Einkünfte aus selbständiger Arbeit ordnungsgemäß versteuern zu können. Die von mir erfüllte notwendige Voraussetzung war mein Hochschulabschluss als Dipl.-Ing. des Maschinenbaus, der zu den sogenannten Katalogberufen gehörte, denen genau dies gestattet wird. Den Dr.-Ing. brauchte es dafür nicht.

Mit dieser Schnellauskunft im Kopf, würde ich mir die Präsentationen der verschiedenen Beratungsgesellschaften in den nächsten beiden Wochen anhören.

Montag, 26. August

An diesem Montag trennte ich mich endgültig von meinem Werkleiter-Posten in meiner Ex-Firma. In einem halbtägigen Mediationsverfahren am Arbeitsgericht konnten wir uns auf einen Vergleich einigen und einen Aufhebungsvertrag abschließen.

Ausführlich ist dies in dem Buch „Manager Attentat" berichtet.

Im Kontext meiner Anstrengungen um eine neue Tätigkeit ist wichtig, dass der Abschluss mir Zeit verschaffte, mich als Unternehmensberater zu etablieren.

Gespräch 49, Mittwoch, 28. August

Kurz vor 7.00 Uhr fuhr ich Richtung Düsseldorf los. Um 10.00 Uhr sollte die Info Veranstaltung der Beratungsgesellschaft anfangen. Es war nicht wirklich weit, je nach Kurs zwischen 270 und 300 km, aber in Westdeutschland kann es knüppeldick kommen, Tage geben, an denen auf allen Autobahnen nichts mehr vorwärts geht.

Das Gute war, es waren in Nordrheinwestfalen noch Sommerferien. Dennoch entschied ich mich dafür, zunächst, im Rahmen des Erlaubten, erst mal Strecke zu machen und zügig zu fahren. Über 140 km in der ersten Stunde wochentags auf der A2 ist heutzutage als eher gut einzustufen.

Düsseldorf zeigte sich wenig umweltbewusst, denn ich fuhr von roter Ampel zu roter Ampel, immer wieder anhalten und warten. Dennoch stellte ich nach gut 2,25 Stunden den Motor in der Tiefgarage der Kö Galerie ab. Das war schneller als erwartet. Der Parktarif war gesalzen, 2,80 € je angefangene Stunde, aber in der Nähe der Königsallee einen kostenfreien Parkplatz zu finden, schätzte ich als aussichtslos ein, was mir mein Gastgeber später bestätigte.

Ich ging noch 20 Minuten die Kö rauf und runter und fragte mich danach zum Wirtschaftsclub durch. Es war das Einzige was schlecht zu finden war, kein Hinweisschild, nichts, nur ein Eingang auf der ersten Ebene in der Galerie, wo seit längerer Zeit Umbauarbeiten im Gange waren.

Außer mir waren zu der Infoveranstaltung 5 weitere potentielle Berater mit eingeladen und pünktlich in unserem Besprechungsraum des Wirtschaftsclubs. Zahlreiche Bewerbungen hatte die Gesellschaft bekommen, sogar ein Frisör hatte sich beworben. Der Frisör hatte jedoch seine Zeit verschwendet, denn er konnte sich in kein Beratungsfeld der Gesellschaft einfügen oder es sinnvoll ergänzen, was er vorher im Internet hätte sehen können.

Wir stellten uns alle zunächst kurz vor, mit Zeitvorgabe von maximal einer Minute. Ich hatte mich vorne auf den ersten Platz der U-förmig aufgestellten Tische gesetzt und fing an. Alter, Studium, Promotion, Projektleiter, Technischer Leiter, Werkleiter und wenn man merkt, dass man eine totes Pferd reitet, sollte man dringend absteigen.

Gefühlte 50 Sekunden, also hatte ich noch ein Zeitguthaben von 10 Sekunden. Mein Nachbar, ein 63-jähriger Wirtschaftsjurist, machte es noch schneller und nahm meinen kleinen Schmunzler mit auf. Er hätte 30 Sekunden gut.

Der nächste Herr, 57, war schon in der Beratung und hatte eine eigene Firma für Photovoltaik und Elektro, über seine Ausbildung und seinen Werdegang schwieg er sich aus.

Dann kam ein dubios gekleideter Herr, 54, der sich nach vielen Jahren, zuletzt als Category Manager, von Karstadt getrennt hatte oder getrennt worden war und nicht gut über die Manager seines Ex-Unternehmens zu sprechen war. Der Mann, der ca. 10 Jahre älter aussah, als er wirklich war, trug eine enge Designer Röhren-Jeans in dunkelblau, 3 cm unten aufgekrempelt, mit den notwendigen Stoffbeschädigungen und weißen Stellen, dazu robuste schwarze Wander-Schuhe und ein schwarzes Sakko über weißem Hemd mit konservativer Krawatte. Kurz: das ging gar nicht. Seine Nicht-Vorstellung dauerte keine 10 Sekunden, er wollte sich der Gruppe offenbar nicht mitteilen.

Die einzige Dame in der Runde überlegte laut, ob sie ihr Alter sagen sollte oder nicht, wie lustig. Das hätte sie vorher tun können, denn sie war als 5. dran. Auch bei ihr gab es keinen Werdegang und keine Ausbildung. Sie war 45 und mit einem Vorstand verheiratet, das war ihr wichtig. Welchen Herrn sollte das denn nun beeindrucken? Außerdem habe sie eine eigene Beratungsfirma und mache Interim Management.

Der letzte Kandidat war ein zweiter Dr.-Ing., der in Aachen studiert und promoviert hatte. Er gab nur zum Besten, lange in leitender Funktion tätig gewesen zu sein, stellte damit auch nicht viel mehr als seinen Namen vor.

Unser Gastgeber machte es dann wieder richtig, ergänzt um seinen Start mit der Beratungsfirma, die er vor Jahren mit 2 anderen Herren gegründet hatte.

Der Mann führte die Info-Veranstaltung alleine durch, nicht wie in der Einladung angekündigt mit einem Kollegen. Er war Marketing- und Vertriebs-Profi, hatte lange auf erster Ebene erfolgreich gearbeitet, konnte gut präsentieren und wusste sinnvolle Antworten auf alle Zwischenfragen. Nach

3,25 Stunden waren wir durch und für mich hatte immer noch alles Hand und Fuß.

Interna werden hier nicht verraten.

Unser Gastgeber würde uns nächste Woche anrufen, um, wenn wir wollten, einen zweiten intensiven Termin unter 4 Augen zu vereinbaren.

Beim Auf Wiedersehen bekundete ich schon jetzt mein Interesse.

Die Rückfahrt lief fast so schnell wie morgens, auch wenn man sich mittlerweile im Pkw wie ein Fremdkörper zwischen den Lkws fühlt. 2 Spuren waren hemmungslos von Lkws belegt. Wie hilfreich wäre ein generelles Überholverbot für Laster oder, noch besser, ein Schienentransport und Lkw-Shuttle-System auf europäischer Ebene.

Die EU scheint jedoch nur zur Geldverschiebung von Nordwest nach Süd gewünscht zu sein und nicht für sinnvolle gemeinsame europäische Verkehrs-, Energie- oder Umweltkonzepte. Was hilft es Deutschland die Atomkraftwerke abzustellen, während Frankreich munter weiter macht und Nehmer-Nachbar Polen gerade sein erstes plant, mit deutschen Subventionen.

Autofahrten alleine sind langweilig, aber man hat viel Zeit, um vor sich hin zu denken.

Mail 2. Gespräch 49, Sonntag, 1. September

Morgens 8.00 Uhr, eine gute Zeit für eine zukunftsorientierte, quasi dienstliche Mail, schrieb ich meinen Gastgeber vom letzten Mittwoch an.

Ich bedankte mich nochmals für die inhaltsstarke und professionelle Präsentation vom letzten Mittwoch Und bekundete mein Interesse an einem vertiefenden Gespräch.

Mittags um 12.00 Uhr kam die Antwort, noch einige Male mailten wir hin und her und letztendlich stand Montag, der 9. September, 11.00 Uhr wieder in Düsseldorf im Wirtschaftsclub für ein 2. Gespräch fest, mit der von mir eingebrachten Zusatzvereinbarung, uns das nächste Mal in Hannover zu treffen. Das hatte ich dem Herren gleich mit abgerungen.

Montag, 2. September

Der Vormittag war Vorbereitungszeit. Wenn man sein bisheriges Berufsleben in sogenannter nicht selbständiger Arbeit agiert hat, heißt es rauszukriegen, was sich alles ändert, wenn man selbständig arbeitet. Die Minimalanforderung mit der eigenen zu beantragenden Umsatzsteueridentifikationsnummer kannte ich ja schon.

Start war im Internet für die ersten Schnellinfos, um die richtigen Fragen stellen zu können. Dann telefonierte ich mit der Steuerberaterin, danach mit meinem Anwalt, um ihm im Anschluss den Vertrag der Beratungsfirma zur Prüfung zuzuschicken. Jeder Beratungs-Aspirant hatte nach der Informationsveranstaltung am 28. August einen Vertrag mit auf den Weg wieder nach Hause mitbekommen.

Das Konzept der Beratungsfirma bestand aus einem gemeinsamen Markennamen unter dem man als Lizenznehmer mit Zugriff auf eine gemeinsame Wissensdatenbank als Consultant am Markt agieren konnte. Alle neuen Berater wurden außerdem vor ihrem Start in 3 Seminaren geschult. Dies kostete einen Einmalbetrag und danach eine laufende Monatsgebühr.

Mittwoch, 4. September

Mein Anwalt ist ein findiger Mensch, den ich schon über 10 Jahre aus beruflicher Zusammenarbeit kannte und dadurch anrufen und um etwas bitten konnte, ohne sofort eine Rechnung dafür zu bekommen. Er gab noch einige gute Anregungen zu dem Lizenzvertrag der Beratungsfirma, die ich mit einbaute.

2. Gespräch 49, Montag, 9. September

Kurz vor 8.00 Uhr fuhr ich nach Düsseldorf los, zunächst im Regen. Auf der A2 hinter Bad Oeynhausen waren die Straßen trocken. Dann kam die erste Staumeldung auf meiner geplanten Strecke ins Navi rein. Wieder war die A1 zu, Verzögerung über 40 Minuten. Das machte keinen Sinn. Also weiter auf der A2 und westlicher nach Süden fahren.

Bei Beckum auf der A2 ein Schreck.

Ich fuhr 160 km/h auf der Mittelspur, voraus rechts war ein Laster, der zu stehen schien. Ich ging vom Gas. Auf dem Standstreifen waren 5 oder 6 Pkws, einer an der rechten Seite völlig verbeult, nur sichtbar, da das Auto um 180° gedreht da stand, die Front entgegengesetzt zur Fahrtrichtung. 2 junge Männer sprangen aus ihren Autos weiter vorne auf dem Standstreifen und liefen zurück. Ich guckte auf die Straße, nicht auf den Unfall, weiter auf der Mittelspur fahrend und war froh einem meterlangen Gegenstand, der auf einmal vor meinem Wagen auf meiner Spur lag, ich war runter auf 140 km/h, nach links ausweichen zu können, da von hinten keiner kam.

Nach kurzer Zeit hörte ich im Verkehrsfunk von der ungesicherten Unfallstelle bei Beckum, die ich gerade passiert hatte, dann von der Vollsperrung der A2. Der Unfall musste sich lediglich Sekunden, direkt bevor ich an dem Ort war, ereignet haben. Was für ein Glück.

Nach dem Kamener Kreuz wurde es wieder richtig voll. Letztendlich nahm ich die A43 und A46 nach Düsseldorf, was insgesamt 20 km länger als die ursprüngliche Route war.

Nach 2.40 Stunden stellte ich diesmal in der furchtbar engen und schon gut gefüllten Tiefgarage der Kö Galerie den Motor ab. Ich freute mich wieder über die Helligkeit und die Sauberkeit der Tiefgarage und wie ordentlich die überwiegend größeren, schwarzen Autos deutscher Hersteller geparkt waren. Nur ein Peugeot 307 fiel völlig raus und verbrauchte 2 Stellplätze. Ist das dann der doppelte Parktarif, sind das dann 5,60 €/Stunde? Oder gibt es eine Ausrede, warum der kleinere Wagen so stehen musste?

Ich ging noch kurz an die frische Luft und dann in die 1. Etage in den Wirtschaftsclub. Mein Gesprächspartner war auch gerade angekommen und wir trafen uns 10.50 Uhr per Zufall auf der Toilette.

Nachdem wir letztes Mal vor knapp 2 Wochen im Raum Cambridge waren, gingen wir heute in das Separee von Winston Churchill. Ich saß quasi direkt unter ihm, unter einem Ölgemälde, das ihn fast lebensgroß im Portrait zeigte, mit halbgerauchter Zigarre in der rechten Hand.

4,5 Stunden unterhielten wir uns sehr intensiv unter 4 Augen, schauten uns auf seinem Laptop die Präsentationen des Unternehmens an, sprachen über den Vertrag, meine Änderungswünsche und alle Fragen, die mir in den letzten

Tagen eingefallen waren und die ich auf meinen vorbereiteten Zetteln hatte.

Ja, ich fühlte mich immer noch komfortabel und hatte keine Inkonsistenzen in den Aussagen meines Gesprächspartners entdeckt. Ich würde dem Herrn meine Ergänzungen zu dem Lizenzvertrag zumailen und am 1. Oktober würden wir bei unserem nächsten Treffen in Hannover unsere Zusammenarbeit mit dem Vertragsabschluss beginnen. So verabschiedeten wir uns.

Und wie so oft war die gegenseitige Sympathie kein Zufall. Wir fuhren das gleiche Auto, standen außerdem auf Cabrio fahren und bevorzugen Club Urlaub.

Die positive Abrundung des angenehmen Tages war die stau- und stressfreie Rückfahrt in 2,25 Stunden von Düsseldorf nach Hannover.

Mittwoch, 11. September

Heute vor Jahren war es passiert. Terroristen flogen in die Twin Towers in New York. Das war mein erster Morgengedanke.

Lizenzvertrag 49, Mittwoch, 11. September

Ich formulierte 2,5 DIN A4 Seiten mit Ergänzungen. Denn Vertrag ist Vertrag, bei aller Sympathie. Und im Zweifelsfalle hilft keine frühe Sympathie. Da gilt nur das schriftlich fixierte Unterschriebene.

Vormittags schickte ich wie verabredet meine Ergänzungen an meinen Gesprächspartner, den geschäftsführenden Gesellschafter des Unternehmensberater-Verbundes, zusammen mit einem Ort für das nächste Treffen und den besten Wünschen für seinen direkt bevorstehenden Urlaub.

Nach weniger als 1 Stunde kam die Antwort.

Das war prompt und endlich gab es mal kein Gezappel um meine mir wichtigen Vertragsergänzungen.

Lizenzvertrag 49, Sonntag, 22. September

Nachmittags kam der modifizierte Lizenzvertrag.

Bis auf 2 Kleinigkeiten, die nur andere Formulierungen darstellten, war alles so, wie ich es mir inhaltlich vorgestellt hatte. Schön!

Dienstag, 1. Oktober

Mit den zuletzt getätigten Bewerbungen in nicht selbständige Arbeit bei Unternehmen schien es wie verhext zu sein. Es passierte rein weg gar nichts, keine Mail, kein Anruf, nichts.

Es schien fast so, als ob sie meine Absichten, mich dem Unternehmensberater-Verbund anzuschließen, riechen könnten.

Lizenzvertrag 49, Dienstag, 1. Oktober

9.30 Uhr fuhr ich Richtung Flughafen Hannover los, zu unserem vereinbarten Treffpunkt im Holiday Inn, das jetzt zu der Leonardo Hotelkette gehörte, um den Lizenzvertrag des Unternehmensberaterverbundes zu unterschreiben und anschließend gemeinsam an meinem Start bzw. Einstieg zu arbeiten.

Kurz vor dem Hotel hatten sich 2 Polizisten mit ihrer Laserpistole zur Geschwindigkeitsmessung mit ihrem silbernen Golf so dumm hingestellt, dass es wirklich jeder aufmerksame Autofahrer rechtzeitig vorher bemerkte. Immerhin war der Abkassierbulli mit 2 weiteren Uniformierten ein Stück weiter hinter einer Buschreihe versteckt. Für 4 Mann und 2 Autos wurden an einem Nicht-Unfallschwerpunkt mit begrüntem Mittelstreifen und reichlich Ampeln Steuergelder verpulvert, während die Einbruchsdelikte ständig zunehmen. Aber die werden ja von den Versicherungen und über steigende Beiträge letztendlich wieder von den bestohlenen Bürgern selbst bezahlt. Die unendliche Geschichte.

Mein Gesprächspartner war schon da. Er war allerbest von Düsseldorf staufrei durchgekommen. Wir setzten uns in den schönen, hellen Restaurantbereich des Hotels und stiegen gleich ein. Zuerst der Papierkram.

Als bekennender und praktizierender Freund der deutschen Sprache hatte ich die beiden Formulierungskleinigkeiten in dem Vertrag noch mal schön gemacht und alles doppelt ausgedruckt mit in meinem Aktenkoffer. Wir nahmen meine Vertragsversion und jeder erhielt ein Original.

An einem fantastischen, sonnigen Herbstmorgen, 365 Tage und 2 Stunden nachdem ich aus heiterem Himmel meine Kündigung von meinem Ex-Vor-Manager in meiner Ex-Firma bekommen hatte, unterschrieb ich 10.20 Uhr den Vertrag.

Ich traute mir die Beratungstätigkeit zu, hatte Spaß an dem Gedanken, es zu tun, von zu Hause aus zu agieren, ohne Vorgesetzte mit fragwürdigen Umgangsformen und mit Freiraum für Dinge, die ich schon lange tun wollte, aber irgendwie doch nie Zeit dafür gehabt bzw. mir genommen hatte.

Es folgten knapp 6 Stunden intensiver Arbeit, um mein erstes Beratungs-Produkt und mögliche Zielbranchen zu definieren.

Ich hatte bei allem immer noch ein gutes Gefühl. Das Herangehen war hochprofessionell, auch wenn mal wieder ein großer Berg Arbeit vor mir lag und ich den Weg auf den Berg nach oben noch nicht kannte.

In einem Jahr intensiver Stellensuche in ganz Deutschland hatte ich viele Offerten von Franchisern und Lizenzgebern gesehen. Die Qualität der Anbieter, die Einmalkosten und die monatlich laufenden Kosten differierten stark. Jeder, der Interesse an einer so gelagerten Tätigkeit hat, sollte hierauf sein besonderes Augenmerk richten.

Mit reichlich vollem Kopf fuhr ich nachmittags wieder zu Hause.

Dienstag 22. Oktober

Abends schaute ich die üblichen Stellenbörsen durch. Ich hatte diese nie lieb gewonnene Tätigkeit auf einmal die Woche reduziert, schaute eigentlich nur noch auf echte Hundertprozent Volltreffer. Dieses Mal war einer dabei. Eine Technische Geschäftsführung eines Metallverpackungsherstellers, passender ging es nicht. Auch die Detailanforderungen konnte ich vollständig abdecken.

Es gab nur einen Haken: der Dienstsitz war in der Schweiz. Das würde und wollte ich privat nicht hinbekommen, auch nicht mittelfristig. Ich entschied mich, mich nicht zu bewerben.

Montag 4. November

Ich definierte den heutigen Tag als Redaktionsschluss. Und damit endet diese Geschichte.

400 Tage waren vergangen und es war mir nicht gelungen, wieder eine Festanstellung in sogenannter nicht selbständiger Arbeit zu erreichen.

53 Bewerbungen auf konkrete Ausschreibungen und 3 Initiativbewerbungen waren in dieser Zeit zusammengekommen. 40 Absagen, 5 Eigenabsagen und 8 immer noch offene Bewerbungen war die Bilanz am heutigen Tag.

Seit 5 Wochen arbeitete ich massiv daran, mich als Management Berater zu positionieren, als einer mit Erfahrung und dem Anspruch so, auf diese Art und Weise einen Beitrag für die deutsche Industrie und damit unsere Gesellschaft zu leisten.

Dieses gerade beginnende Lebens-Abenteuer wird nicht mehr Inhalt dieses Buches sein, sondern eines weiteren.

Nachgedanken

Dank des Internets und den zahlreichen Jobbörsen ist es heutzutage leichter und schneller den Arbeitsmarkt zu scannen. Man braucht keine Samstagsausgaben der entsprechenden großen Tageszeitungen wie zum Beispiel der Frankfurter Allgemeinen Zeitung mehr zu kaufen und den Teil *„Beruf und Chance"* durcharbeiten. Alles gibt es online.

Auch braucht man keine Bewerbungsmappen mit Passfoto mehr erstellen, die man, wenn überhaupt, verhunzt wiederbekam und damit eh kein zweites Mal einsetzen konnte.

Wie eh und je gilt es für den Bewerber herauszufinden, ob die ausgeschriebene Position für einen selbst interessant ist, ob man sich vorstellen kann, die beschriebene Aufgabe zu erfüllen.

Beantwortet man sich diese Frage innerlich mit ja, fragt man sich, ob man sein Privatleben mit dem Standort der neuen Position, wenn dieser denn überhaupt genannt ist, in Einklang bringen könnte, denn zu Beginn heißt es definitiv eine Wochenendbeziehung zu haben, mit viel Reisezeit und sehr wenig Zeit für den Partner, andere liebe Menschen und Dinge, die erledigt sein wollen. Neben der Wochenendbeziehung und dem neuen Job steht on top, eine Wohnung am Arbeitsort zu finden, die eingerichtet und bezahlt werden will.

Diese Fragen sind eng verknüpft mit der nächsten, ob man für den suchenden Arbeitgeber attraktiv ist, die Firma bzw. in 80% der Fälle den Personalberater, die Personalvermittlung, sich mit der eigenen Bewerbung beschäftigt, da sie es sich als Bewerbungsempfänger vorstellen kann, dass man der Aufgabe gerecht wird.

Man kann sich auf Ausschreibungen bewerben bei denen man denkt, maximal eine Mini-Chance zu haben, überhaupt wahrgenommen zu werden. Eine Mini-Chance ist schließlich auch eine, wenn eben auch nur eine sehr kleine. Im Normalfall bewirbt man sich nur auf ausgesuchte, handverlesene Stellen, wo man mindestens 90%, besser alle der publizierten gesuchten Kriterien erfüllt. In diesem Normalfall will man auch zum Vorstellungsgespräch eingeladen werden.

Die Problematik dabei ist, dass sie die Hidden Agenda nicht kennen, die Kriterien, die es zusätzlich noch gibt, die aber nicht veröffentlich wurden, wie zum Beispiel Wünsche zum Alter des idealen Kandidaten. Dies war vor 20 Jahren mit Inhalt der meisten Gesuche. Heute ist es rechtlich nicht mehr zulässig, aber immer noch existent, eben auf der versteckten Tagesordnung, dem versteckten Detailprofil, wie paradox.

Nur aus einem Vorstellungsgespräch kann man etwas lernen, wenn sie denn überhaupt von ihrem Interviewer entsprechende Hinweise bekommen. Meist bewertet man seine eigene Vorstellung hinterher selbst, quasi als Eigenfeedback, aber auch so kann man sich verbessern.

Aus lapidaren schriftlichen Absagen lernt der Bewerber nichts. Das ist frustrierend, denn die Mühe und alle Überlegungen im Vorfeld waren völlig vergebens, haben Energie gekostet und sie können sich nicht verbessern, um ihre Chancen beim nächsten Mal zu erhöhen.

Als Bewerber ist man immer in der schwächeren Situation, wie jeder einzelne Arbeitnehmer sowieso. Während es früher ein allgemeiner Usus war, Reisekosten für Fahrten zu Vorstellungsgesprächen zu erstatten, ist es scheinbar heute an der Zeit, dies vor einem Gespräch nochmals zu prüfen, ob Fahrtkosten erstattet werden.

Dabei hatte die gute alte Spielregel der Bewerber opfert die Fahrtzeit, bekommt aber die Fahrtkosten, doch für Arbeitssuchende und Arbeitsanbietende in bewährter Form funktioniert.

Als Bewerber, von seiner ehemaligen Firma während der Kündigungsfrist von der Erbringung seiner Arbeitsleistung freigestellt, ist man in einer fremdartigen Situation. Man hat keinen Feierabend, nicht nur, weil man keinen Job hat, sondern weil es immer weiter geht, der persönliche Kampf, wieder rein zu kommen in die aktive Arbeitswelt.

Mehrere Spannungsfelder sind zu berücksichtigen:

1. Der Bewerber

Das Alter, das erreichte Hierarchielevel, der akademischer Grad, die Branche und das Gehalt sind die Stichworte.

Bei einem höhengleichen Wechsel wird aus der Gehaltsthematik geradezu eine Gehaltsproblematik. Haben sie zum Beispiel einen 100.000.- €/a Job, machen den 10 Jahre, bekommen jedes Jahr 2% Inflationsausgleich, kosten sie nach dieser Zeit schon 122.000.- €/a. Nach 15 Jahren sind es schon runde 134.500.- €/a.

Und bei einer Neubesetzung wird es wieder eine 100.000.- €/a Stelle sein.

Aus Sicht eines arbeitsuchenden Werkleiters erhöht die Lohnpolitik der Gewerkschaften, die Lohnerhöhungen immer über dem jeweils aktuellen Inflationsprozentsatz abzuschließen, nicht die Wahrscheinlichkeit, ein freies Werk in Deutschland zu finden, da es immer weniger werden.

Nach 15 Jahren und einem jährlichen Plus von 4% sind aus dem Jahresgehalt eines gewerblichen Mitarbeiters von 40.000.- €/a bereits 72.000.- €/a geworden, bei angenommenen 3% sind es mehr als 62.000.- €/a.

2. Die Stellenausschreibung

Stellenausschreibungen sollten wie ein technisches Datenblatt sein, mit vollständigen standardisierten Angaben, die allen Beteiligten bekannt sind und die verbindlich eingehalten werden müssen. Das würde den Prozess erheblich effizienter und effektiver gestalten.

Im Vordergrund würde wieder der Mensch stehen. Es ginge primär um die Klärung der Frage, ob der neue Mitarbeiter mit seinem Charakter, seiner Persönlichkeit, zu den anderen passt, die schon im Unternehmen sind, und ob der neue mit den gestandenen zusammen was Positives im Sinne des Unternehmens bewegen könnte.

Dies würde für viele Manager ein Umdenken erfordern, weg von dem Fokus auf Zahlentabellen und den KPIs, den Kennzahlen, diese sind und bleiben unerlässlich, hin zu dem elementaren Verständnis, dass Unternehmen durch Unternehmer und durch Menschen erfolgreich sind. Jede Interaktion zwischen Unternehmen, unabhängig von der Ebene, findet durch die Menschen dieser Unternehmen statt.

Das AGG, das Allgemeine Gleichbehandlungsgesetz, ist gut, hat aber nur die Hidden Agenda von Stellenausschreibungen verlängert. Das Alter des Idealkandidaten, um bei dem Beispiel zu bleiben, wenn es denn aus welchen Gründen auch immer klar und eng definiert sein sollte, steht nicht mehr wie früher mit dabei, denn es würde alle außerhalb des gewünschten Alters diskriminieren. Die Diskriminierung ist geblieben. Sie ist nur mittlerweile verdeckt. Und sämtliches Quoten-Gewurschtel und Puschen von bestimmten Gruppen ist gelebte Diskriminierung unter dem sprachlichen Paradoxon der „mehr Gerechtigkeit".

3. Der Empfänger der Bewerbung

Es hat sich als vorteilhaft erwiesen, wenn die Unternehmen selbst gesucht haben. Außerdem signalisieren diese Unternehmen, dass sie weder sich und auch nichts Anderes zu verbergen haben. Sie stehen zu ihrem Namen und dazu, einen neuen Mitarbeiter/Manager extern zu suchen, sichtbar für die eigenen Mitarbeiter und den Mitbewerb.

Die Qualität der Stellenausschreibung war nicht besser und nicht schlechter, aber der große, undefinierte Filter des zwischengeschalteten Personalvermittlers war weg. Personalberatungen, Personalvermittler, ein weites Feld, jeder kann es versuchen. Niemand braucht eine Prüfung oder gar ein Diplom dafür.

Wie an Hand der konkreten Beispiele berichtet, fragte ich mich oft, wie diese Leute eine Führungsposition besetzen wollten, mit dem besten zur Verfügung stehenden Kandidaten, wenn sie bereits an der Erstellung der Ausschreibung, an fehlenden Kenntnissen über das Aufgabenspektrum der Vakanz und das suchende Unternehmen sowie sein Umfeld scheiterten.

In den berichteten 13 Monaten ließen sich in den Ausschreibungen und dem Verhalten der Ausschreibenden Muster erkennen:

Muster 1:

Die seriöse Arbeit, wie zum Beispiel Bewerbung 23, 41

Muster 2:

Die Stelle, die es nicht gibt, wie zum Beispiel Bewerbung 11

Muster 3:

Die Lüge der Vertröstung, wie zum Beispiel Bewerbung 36

Muster 4:

Die Ignoranz, wie zum Beispiel Bewerbung 2, 16, 46, 48

Muster 5:

Das Unternehmen, das selbst über Monate dieselbe Vakanz ausschreibt, wie zum Beispiel Bewerbung 39

Alle kochen nur mit Wasser. Das ist okay. Übermenschen gibt es nicht, Universalgelehrte auch nicht mehr, nur noch in den Geschichtsbüchern, Kapitel Mittelalter oder etwas später. Und, wer hat denn wann diese lange verstorbenen Genies so tituliert und wozu?

Einige wenige Menschen sind wirklich brillant. Das gilt es anzuerkennen.

Bei einigen anderen Menschen ist das Wasser viel dünner. Das ist nicht zu leugnen. Gerade diese Menschen wollen das verschleiern, anstatt sich selbst für eine eigene Verbesserung anzustrengen. Sie verdingen sich meist in Branchen, in denen Leistung nicht messbar, nicht überprüfbar ist. Branchen, die oftmals niemand wirklich braucht.

Branchen, in denen aber erstaunlicherweise viel Geld zu machen, nicht zu verdienen ist. Deshalb ziehen solche Branchen diese Herrschaften mit dünnem Wasser magisch an. Die Personalberatungslandschaft ist voll von solchen Leuten.

Nur wenige leisten seriöse Arbeit.

3 Jahre bevor ich dies alles erlebt habe, hatte ich eine Zeit lang versucht, das Unternehmen zu wechseln. Einen Abend hatte ich eine dreiviertel Stunde mit einem älteren Personalberater telefoniert. Der Mann war Ende 50, hatte lange selbst als Ingenieur in der produzierenden Industrie gearbeitet und war ehrlich und offen raus.

Er brachte es auf die einfache Formel: als Werkleiter dürfen sie keine 50 sein, als Geschäftsführer werden sie bis maximal 55 genommen. All dies schien sich immer wieder bewahrheitet zu haben.

Der Teufelskreis: für das erreichte Level zu alt, für ein höheres zu riskant für den Personalvermittler, für das tiefere wieder zu alt und zu riskant für den neuen Chef und außerdem sowieso viel zu teuer.

Sie kommen nicht raus aus der Deadzone 50 plus.